safeCreative
1 208220 666580
Registered works

ISBN: 9798502217262

Aprende
Italiano

Gramática, verbos, vocabulario, frases, ejercicios

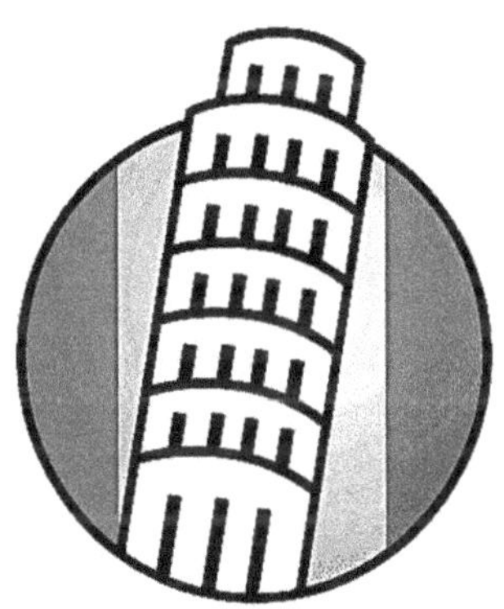

Edición EMD

Primera edición

Comunidad europea

2021

Índice

Italiano para turistas

La pronunciación y entonación

El acento tónico. La regla es poner el acento tónico en la penúltima sílaba.

Ejemplo: buono, parlare, ragazzo.

Algunas palabras llevan el acento en la antepenúltima sílaba; son entre otros los verbos en la 3º persona del plural (ellos/ellas): parlano, vedono, mangiano; el infinitivo de la mayoría de los verbos en: -ere: (credere, ridere, etc.); y las palabras como facile, tavola, telefono.

Las palabras cuyo acento tónico va en la última sílaba se reconocen por el acento abierto colocado en la vocal de ésta: città, caffè, più.

La pronunciación. Es muy fácil pronunciar (y por lo tanto leer) el italiano. Algunas especificaciones de esta lengua son fáciles de retener:

-Las letras de una palabra se pronuncian una después de la otra. No existen ni nasales ni vocales cuya pronunciación es transformada por la vocal siguiente. La "k" y la "w" no aparecen más que en palabras extranjeras, como whisky.

A continuación, detallamos las letras o combinaciones de letras en la que la pronunciación puede variar con relación al español. Adjuntamos también una equivalencia en nuestra lengua (en la segunda columna), una explicación y un ejemplo de palabra italiana con su pronunciación a la española:

-c "k" delante de las vocales a, o, u (también detrás de una s) camera (habitación) "kamera".

-"ch" delante de e, i cielo (cielo) "chielo".

-ch "k" en todos los casos Chiesa (iglesia) "kiesa".

-g "g" como "gato", delante de a, o, u pagare (pagar) "pagare".

-"dch" "ch "suave delante de e i pagina (página) "padchina".

-gh "g" corresponde a "gu" en español delante de e y i laghi (lagos) "lagui".

-gn "ñ" como en "piñón" sogno (sueño) "soño".

-qu "ku" como en "cuco".

-quattro (cuatro) "kuattro".

-z "ds" como "s" suave.

-zanzara (mosquito) "dsandsara".

Gramática. El artículo

Masculino

-singular il /un - el/un - lo/uno - para palabras que empiezan por z o s seguido de consonante (ej. lo zucchero).

-plural i – los/gli - para las palabras que empiezan por una vocal (ej. gli uomini).

Femenino
-singular la/una - la/una
-plural le - las

Los nombres comunes. El género de los nombres comunes coincide muy a menudo con el español.
il signore - el señor // la signora - la señora
il ragazzo - el chico // la ragazza - la chica
l'uomo - el hombre // la donna - la mujer
il bambino - el niño // la bambina - la niña

Pero, atención, siempre hay excepciones que confirman la regla:
il fiore - la flor.
la domenica - el domingo.

La mayor parte de los nombres que terminan en -o son de género masculino, salvo, entre otros:
il bangno - el baño // la mano - la mano
il mondo - el mundo // la radio - la radio
il cielo - el cielo // la moto - la moto.

La mayor parte de los nombres que terminan en -a son femeninos, salvo, entre otros:

la camera - la cámara // il problema - el problema

la casa - la casa // il cinema - el cine

la donna - la mujer // il programma - el programa.

Los nombres que terminan en -e pueden ser de género masculino o femenino:

il pane - el pan // la chiave - la llave

il sale - la sal // la carne - la carne

il giornale - el periódico // la fame - el hambre

Plural. Normalmente los nombres masculinos que terminan en -o tienen su plural en -i, los nombres femeninos en -a tienen su plural en -e.

Todos los nombres que terminan en -e, sea cual sea su género, tienen el plural en -i.

Los adjetivos calificativos

Adjetivos. Como en español, el adjetivo calificativo es acorde en género -masculino, femenino- y en número -singular, plural- con el nombre al que califica. Generalmente está situado detrás.

il libro nuovo - el libro nuevo // i libri nuovi - los libros nuevos.

la sedia rossa - la silla roja // la sedie rosse - las sillas rojas.

Los adjetivos que terminan en -e y que acompañan a sustantivos de distinto género en singular, toman siempre una -i en el plural.

il cane grande - el perro grande // i canni grandi - los perros grandes.

la nuvola grande - la nube grande // le nuvole grandi - las nubes grandes.

Para formar el contrario de un adjetivo en italiano, lo más corriente es añadir una -s delante:

comodo - confortable // scomodo – inconfortable

Los adjetivos más comunes

bello; brutto - bonito; feo

caro; economico - caro; barato

buono; cattivo - bueno; malo

vicino; lontanto - cerca; lejos

longo; corto - largo; corto

aperto; chiuso - abierto; cerrado

caldo; freddo - calor; frío

lento; veloce - lento; rápido

molto; poco - mucho; poco

facile; difficile - fácil; difícil

leggero; pesante - ligero; pesado

pulito; sporco - limpio; sucio

alto; basso - alto (grande); bajo (pequeño)

vero; giusto; falso - verdadero justo; falso

Los colores.- i colori - los colores

rosso; giallo; arancione - rojo; amarillo; naranja

azzurro; blu - azul cielo; azul marino

verde - verde

nero; bianco; grigio - negro; blanco; gris

bruno; marrone - castaño; marrón

violetto; lilla; rosa - violeta; lila; rosa

Comparativos y superlativos

El comparativo de un adjetivo calificativo se forma añadiendo più (más) delante, y el superlativo añadiendo il più (el más).

La comparación se forma con di (de, que).

bello, -a - bonito, bella.

più bello, -a - más bonito, más bella.

il/la più bello, -a - el/la más bonito/bella.

Por ejemplo:

Lei è più alta (di lui) - Ella es más alta que él // Lei è la più alta (della classe) - Ella es la más alta (de la clase).

Lui è più piccolo (di lei) - Él es más pequeño (que ella) // Lui è il più piccolo (del mondo) - Él es el más pequeño del mundo.

Los italianos, a los que les gusta la grandilocuencia, poseen varios grados para calificar.

Basta añadir molto (muy) delante del adjetivo, o bien -issima al final de éste:

È bella - es bella // È molto bella - es muy bella // È bellissima - es bellísima.

"Más" se dice più, "menos" se dice meno y la habitual expresión castellana "más o menos" se traduce simplemente por "più o meno".

Estructura de la frase

La estructura de la frase se hace, como en español, de la siguiente manera:

Sujeto (Il signore) - verbo (è) - complemento (il proprietario), es decir: el señor es el propietario.

Como hemos visto, el adjetivo se coloca detrás del nombre: Il signore elegante è il proprietario - el señor elegante es el propietario.

Los siguientes adjetivos pueden colocarse delante o detrás del nombre al que califican.

En este caso, calificando a un nombre masculino, pierden su terminación:

grande - grande // bello - guapo // buono – bueno.

Un gran piatto di spaghetti - un gran plato de spaghettis // un bel ragazzo - un chico guapo.

En general, el pronombre personal (yo, tú, él, etc.) no se utiliza, puesto que el verbo conjugado indica ya, por su terminación, la persona. No se utiliza más que para reforzar el sujeto:

È un amico - es un amigo // Lui è svizzero - Él es suizo.

Preguntas y respuestas

Para preguntar. Los pronombres interrogativos son importantes para expresarse. Para un hispano-parlante son relativamente simples y bastante fáciles de retener:

come? - ¿cómo?

dove? - ¿dónde?

di/da dove - ¿de dónde?

quando? - ¿cuándo?

quanto? - ¿cuánto?

quale? - ¿cuál?

chi? - ¿quién?

che cosa? - ¿qué?

perchè? - ¿por qué?

Perché es una palabra muy práctica ya que significa también "porque":

Perché sei in Italia? - ¿por qué estás en Italia?

Perché mi piace questo paese - porque me gusta este país

Más ejemplos de preguntas:

Di dove sei? - ¿de dónde eres?

Che cosa fai qui? - ¿qué haces aquí?

Come stai? - ¿cómo estás?

Preguntar sin pronombre interrogativo

Al igual que en el español, se puede hacer una pregunta utilizando una frase afirmativa y cambiando simplemente el tono de voz.

Por ejemplo:

C'è un campeggio qui vicino? - ¿hay un camping aquí cerca?

Posso trovare una camera in paese? - ¿puedo encontrar una habitación en el pueblo?

Vuole una camera con bagno? - ¿Quiere una habitación con baño?

Pronombres personales

Antes que nada, advertirle de que, en italiano, para tratarse de usted, utilizan Lei en singular, tanto para hombre como para mujer, y Loro para el plural. Es decir, la tercera persona del singular o del plural. El resto son los que siguen:

io - yo

tu - tú

lui - él

lei - ella

noi - nosotros

voi - vosotros

loro - ellos, ellas

Por ejemplo:

Lei è molto simpatico - ella/usted es muy simpático(a).

Grazie, anche Lei è gentile - gracias, ella/usted también es muy amable.

Con los verbos, los pronombres personales se utilizan muy poco.

Pronombres posesivos

En italiano, los pronombres posesivos no remplazan al artículo; en general se colocan entre el artículo y la "palabra poseída". Va acorde en género (masc. / fem.) y en número (sing. / plur.)

Así las cosas:

-Pronombres posesivos masculinos en singular:

il mio (sacco a pelo) - mi (saco de dormir)

il tuo (borsellino) - tu (monedero)

il suo (bicchiere) - su (vaso)

il nostro (bagaglio) - nuestro (equipaje)

il vostro (giardiano) - vuestro (jardín)

il loro (bambino) - su (hijo).

-Pronombres posesivos femeninos en singular:

la mia giacca - mi chaqueta

la tua camicia - tu camisa

la sua casa - su casa

la nostra macchina - nuestro coche

la vostra opinione - vuestra opinión

la loro figlia - su hija.

-Pronombres posesivos masculinos en plural:

i miei vestiti - mis vestidos

i tuoi occhiali - tus gafas

i suoi soldi - su dinero

i nostri genitori - nuestros padres

i vostri libri - vuestros libros

i loro orologi - sus relojes.

<u>-Pronombres posesivos femeninos en el plural:</u>

le mie scarpe - mis zapatos

le tue calze - tus medias

le sue gambe - sus piernas

le nostre chiavi - nuestras llaves

le vostre maglie - vuestros jerseys

le loro bottiglie - sus botellas.

El artículo desaparece en el singular para los miembros de la familia:

mia sorella - mi hermana

Pero reaparece en el plural:

le mie sorelle - mis hermanas

Conversación: las expresiones

Los saludos. Los italianos no se molestarán sea cual sea la forma con la que les saludes.

No hay regla estricta para hacerlo.

"Ciao" es la forma clásica y familiar de decir "buenos días", pero también "hasta la vista", sea la hora que sea. Sin embargo, no se usa más que entre los jóvenes y con amigos.

En los otros casos deberá adaptar su saludo al momento del día:

buongiorno - buenos días

bouna sera - buenas noches

benvenuto - bienvenido/a

salve - (viene del latín) buenos días

Despedidas. Para despedirse:

arrivederci - adiós

arrivederLa - adiós más formal

ciao - adiós / hola

a più tardi - hasta pronto, hasta luego

buona notte - buenas noches

a domani - hasta mañana

-Importante: no se olvide de añadir el título de la persona o decir simplemente "señor" o "señora".

buongiorno - buenos días

signore/signora - señor/señora

buona sera, maestra/dottore - buenas tardes, maestro/doctor.

buona notte, professore - buenas noches, profesor.

arrivedereLa, ingegnere - adiós, señor ingeniero.

No se acompleje si al principio tiene la impresión de que Italia está poblada por maestros, profesores o doctores. Comprobará que estos títulos a menudo sólo se emplean para adular al interlocutor. Así tenemos que:

maestro - se emplea para artistas o maestros

professore - miembros del cuerpo de enseñanza

ingegnere - un técnico

dottore - cualquier licenciado

commendatore - para el resto de casos

Gracias. Para ser educado empiece o termine siempre por: per favore (por favor). Un grazie (gracias) puede convertirse en tante grazie (muchas gracias).

En respuesta diga:

prego (por favor, se lo ruego).

Scusa!/Scusi! - perdona/perdone.

Permesso?/Volentieri! - ¿puedo? /con mucho gusto.

È molto gentile! - ¡es muy amable!

Come stai/sta? - ¿cómo estás/a?

Salute! - !Salud¡

Los verbos y su conjugación

Se distinguen en los verbos tres grupos de verbos según su terminación:

-are parlare = hablar

-ere credere = creer

-ire partire = partir

Muchos verbos son irregulares, pero abordamos primero la conjunción de los verbos regulares que es bastante simple. El presente de los verbos regulares. Su raíz permanece invariable, sólo las terminaciones varían:

	Parl-are	**Cred-ere**	**Part-ire**
	Hablar	*Creer*	*Partir*
io	parl-o	cred-o	part-o
tu	parl-i	cred-i	part-i
lui/lei/Lei	parl-a	cred-e	part-e
noi	parl-iamo	cred-iamo	part-iamo
voi	parl-ate	cred-ete	part-ite
loro/Loro	parl-ano	cred-ono	part-ono

Parli bene l'italiano - hablas bien el italiano // Parlo più bene il spagnolo - hablo mejor el español.

Partiamo oggi o domani - marchamos hoy o mañana.

Los verbos irregulares

¡Por desgracia son muchos! Sólo hay dos soluciones para expresarse sin faltas: o aprenderlos de memoria o bien evitar el utilizarlos.

Veamos el presente de los cinco verbos irregulares más importantes:

	dare	fare	potere	volere	stare
	dar	hacer	poder	querer	permanecer
io	do	faccio	posso	voglio	sto
tu	dai	fai	puoi	vuoi	stai
lui/lei	da	fa	puó	vuole	sta
noi	diamo	facciamo	possiamo	vogliamo	stiamo
voi	date	fate	potete	volete	state
loro	danno	fanno	possono	vogliono	stanno
part.	dato	fatto	potuto	voluto	stato

Matizamos que el verbo stare (encontrarse/permanecer) puede ser utilizado en las frases donde se utilizaría mejor el verbo "estar" en español:

(Noi) stiamo a Firenze - Estamos en Florencia.

La negación. Una frase negativa se forma con non (no), que se sitúa casi siempre delante del verbo conjugado, así pues, delante del auxiliar del pretérito perfecto.

Non ho soldi - no tengo dinero.

Questo treno non parte adesso - Este tren no parte ahora.

Las formas non... mai / non... niente / non... più / non... nessuno (no...jamás / no...nada / no...más / no...ninguno), se colocan como en español a cada lado del grupo verbal:

Non sono mai stato a Napoli - no he estado jamás en Nápoles. Non abbiamo visto niente - no hemos visto nada. Non è venuto nessuno - no ha venido nadie.

Ser y haber

Los verbos auxiliares "ser" y "haber" son, como en la mayor parte de los idiomas muy importantes e irregulares. Recomendamos el aprenderlos de memoria.

Essere	Ser
Io sono	Yo soy
Tu sei	Tú eres
Lui/lei è	Él/ella es
Lei è	Usted es
Noi siamo	Nosotros somos
Voi siete	Vosotros sois
Loro sono	Ellos son
Loro sono	Ustedes son

avere	haber
Io ho	Yo soy
Tu hai	Tú eres
Lui/lei ha	é/ella ha
Lei ha	Usted ha
Noi abbiamo	Nosotros hemos
Voi avete	Vosotros habéis
Loro hanno	Ellos/ellas han
Loro hanno	Ustedes

Si los domina, podrá conjugar fácilmente la mayor parte de los verbos en pretérito perfecto.

Pretérito perfecto. Recomendamos utilizarlo lo máximo posible. Es sencillo de formar, ya que es suficiente conocer la conjugación en el presente de los verbos auxiliares essere (ser) y avere (haber) y saber cómo se forma el participio de un verbo regular a partir de su infinitivo.

Verbos en participio

are	Parl-are	Parl-ato	hablado
ere	Cred-ere	Cred-uto	creído
ire	Sent-ire	Sent-iti	sentido

Con el auxiliar "haber", el participio es invariable:

(Io) ho parlato - yo he hablado // (voi) avete parlato - vosotros habéis hablado.

(Loro) hanno creduto - ustedes han creído // (noi) abbiamo creduto - nosotros habíamos creído.

Con el verbo estar, el participio concuerda como en español, en género (masc./fem.) y en nombre (sing./plur.) con el sujeto:

Verbos en	-are -ere -ire
masculino (singular)	-ato -uto -ito
femenino (singular)	-ata -uta -ita
masculino (plural)	-ati -uti -iti
femenino (plural)	-ate -ute -ite

Siamo arrivati due giorni fa - hemos llegado hace dos días.

È stata a Firenze - he estado en Florencia.

Por lo general, un verbo italiano emplea, como en español, uno u otro auxiliar, según el contexto.

El futuro. Para expresar el futuro, aconsejamos utilizar el presente acompañado de un complemento de tiempo que precisará el momento de acción.

Vediamo un film stasera - vemos una película esta noche.

Dopo prendiamo un caffè al bar - despúes tomamos un café en el bar.

Conversación: los insultos

Una larga tradición. Los insultos y palabrotas podrían ponerse en un curso entero. A los italianos, que se enfurecen fácilmente, les gusta insultarse a la cara, y hacen de ello un juego, aún un deporte nacional. Les indicamos las palabras que siguen para que las comprendan, pero les aconsejamos firmemente no utilizarlos:

Porco - puerco

merda! - mierda

pappagallo! - ¡loro! / ligón

scemo! / stupido! - ¡tonto! / ¡estúpido!

pazzo! / idiota! - loco/idiota

cornuto - cornudo

vaffanculo - vete a hacer puñetas

En tono moderado. Si le están molestando evite, siempre que pueda, el uso de las anteriores palabrotas. Le recomendamos que mejor diga:

Vai via! - vete

Lascimi stare! - ¡Déjame tranquila!

Lascimi in pace! - ¡Déjame en paz!

Comer y beber

En el restaurante. Aquí tiene algunos consejos para la elección de un local, cuando ya ni el amor ni el agua fresca son suficientes:

-Il ristorante: es un restaurante elegante y generalmente bastante caro. A reservar para grandes ocasiones.

-La trattoria: es más sencillo y con una selección más reducida. Habitualmente no hay carta y es el camarero quien nombra los platos. Baratos.

-L'osteria: taberna para comer deprisa y corriendo.

-Pizzeria: sobran los comentarios.

-La tavola calda: literalmente "mesa caliente", lo que en España llamaríamos "snack-bar".

-Il bar: un bar como los de España.

La (prima) colazione – desayuno.

il pranzo; la cena - comida; cena.

l'antipasto (di terra) - entremés (charcutería).

il piatto - el plato (la comida).

il primo (piatto) - entrante, primer plato.

il secondo (piatto) - el plato principal.

la minestra; zuppa - la sopa.

il dessert; il menù - el postre; el menú   .

il conto; pagare - la cuenta; pagar.

il/la cameriere,-a - el camarero/a.

il cotello; la forchetta - el cuchillo; tenedor.

il cucchiaio; il cucchiaiano - cuchara; cucharita.

il bicchiere - el vaso.

la bottiglia - la botella.

mangiare; bere - comer; beber.

caldo; tiepido; freddo - caliente; tibio; frío.

Con el camarero. Cuidado: sobre todo exija la cuenta en el restaurante y llévesela con usted, ya que se la puede pedir la "guardia di finanzi" a la salida y, si no la lleva, multarle.

-Vorrei mangiare - querría comer.

-Non mi piace - no me gusta.

-Il conto, per favor - la cuenta, por favor.

-Il resto è per Lei - quédese con la vuelta.

Cómo entablar una conversación

Veamos algunos recursos útiles para entablar una conversación:

Ciao, come stai? - hola, ¿cómo estás? // bene, grazie. ¿E tu? - bien, gracias. ¿Y tú?

Anch'io. Come ti chiami? - Yo también, ¿cómo te llamas? // Carmen, e tu? - Carmen,

¿y tú?

Da dove vieni? - ¿de dónde eres? // dalla Spagna - de España.

Che lavoro fai? - ¿en qué trabajas? // sei studente? - ¿eres estudiante?

Seguro que le harán muchas otras preguntas. No tenga miedo de formar sus propias frases, incluso si al principio le parece un lío, siempre será mejor que nada. La única manera de hacer grandes progresos es decidirse a hablar.

Si no entiende algo, diga sencillamente:

Puoi parlare più lentamente/chiaramente? - ¿puedes hablar más lentamente/claramente?

Non ho capito. Puoi ripetere, per favore? - No he entendido. ¿Puedes repetirlo, por favor?

Che significa questo? - ¿qué significa esto?

Ciao, allora - adiós, entonces

El lenguaje gestual

Al margen de la lengua, el italiano dispone de un extenso código de comunicación verbal.

Veamos algunos trucos:

-Las puntas de los tres dedos juntos (pulgar, índice, medio) dirigidos hacia uno mismo con una cierta mirada crítica, de lado, tienen un sentido más bien negativo, del estilo "¿pero qué me estás contando?". Si ese mismo gesto está, por contra, acompañado de una mirada amable, significará "¿qué haces?" o "¿a dónde vas?"

-La palma de la mano hacia arriba, el brazo extendido hacia el interlocutor acompañado de un largo "¡eh!" indicará una evidencia.

Por el contrario, se indica desacuerdo con el mismo gesto, pero con un ligero ruido con la lengua, similar a pronunciar "¡t!".

-El gesto (que a veces se hace automáticamente) de pellizcarse el lóbulo de la oreja puede ser mal interpretado. En Italia, los gays son conocidos como los orecchioni (orejas grandes).

-Cuando le sirvan una bebida, para decir "ya está bien" o indicar que sólo deseamos la mitad del vaso, es suficiente con cerrar el puño manteniendo el meñique extendido y hacer un movimiento horizontal de izquierda a derecha.

-Un guiño de ojo de lado significa "está bien, he entendido".

-Las manos juntas, unidas en forma de rezo balanceándose de arriba a abajo,

acompañadas de la expresión "mamma mia!" significa: "No es posible" o "es increíble".

Frases para saludos y presentaciones

Saludos y presentaciones

¡Hola! Ciao! / Salve!

¡Buenos días! Buon giorno!

¡Buen día! Buon pomeriggio!

¡Buenas noches! Buona sera!

¿Cómo está? Come va?

Bien. Bene.

Muy bien. Molto bene.

Más o menos. Così così.

¿Cómo se llama? Come si chiama?

Yo soy el señor Borghi. Mi chiamo (signor) Borghi.

Yo soy la Señora González. Mi chiamo (signora) Borghi.

Mucho gusto. Piacere (di conoscerla).

Adiós. Arrivederla/ci.

Hasta pronto. A presto!

Buenas noches. Buona notte!

¿Dónde vive? Dove abiti/abitate?

Vivo en Bologna. Abito a Bologna.

Éste es mi amigo/a. Ti presento il mio amico/la mia amica.

Éste es novio. Questo è il mio ragazzo.

Ésta es mi novia. Questa è la mia ragazza.

Éste es mi esposo. Questo è (il) mio marito.

Ésta es mi esposa. Questa è (la) mia moglie.

¡Visíteme por favor! Vieni a trovarmi!

Lo pasé de maravilla. Mi sono divertito/divertita.

Direcciones

¿Dónde? Dove?

¿Disculpe, dónde está...? Mi scusi, dov'è?

¿Dónde están los taxis? Dove sono i tassì?

¿Por dónde pasa el autobús? Dov'è l'autobus?

¿Dónde está el metro? Dov'è la metropolitana?

¿Dónde está la salida? Dov'è l'uscita?

¿Está cerca? È vicino?

¿Está lejos? È lontano?

Siga derecho. Si va diritto.

Vaya en aquella dirección. Si va in quella direzione.

Vuelva. Si va indietro.

Gire a la derecha. Si gira a destra.

Gire a la izquierda. Si gira a sinistra.

Lléveme a esta dirección, por favor. Mi porti a questo indirizzo, per favore.

¿Cuánto es la tarifa? Qual'è la tariffa?

Deténgase aquí, por favor. Fermi qui, per favore.

¿Pasa este autobús por la calle Bergamo? Questo autobus va in Via Bergamo?

Un plano de la ciudad, por favor. Una pianta della città, per favore.

Un plano del metro, por favor. Una cartina della metropolitana, per favore.

Yendo de compras

¿Cuánto cuesta? Quanto costa/costano? (sg/pl)

¿A qué hora abre la tienda? A che ora apre il negozio?

¿A qué hora cierra la tienda? A che ora chiude il negozio?

¿Qué está buscando? Cerca qualcosa?

¿Necesita ayuda? Posso aiutarla?

Necesito esto. Vorrei questo.

Aquí lo tiene. Eccola.

¿Eso es todo? Ha bisogno di altro?

Me gustaría pagar en efectivo. Vorrei pagare in contanti.

Me gustaría pagar con tarjeta de crédito. Vorrei pagare con la carta di credito.

¿Puedo ordenar esto por el internet? Posso ordinarlo su internet?

ropa para mujeres (l') abbigliamento donne

ropa para hombres (l') abbigliamento uomini

blusa, falda, vestido (la) camicetta, (la) gonna, (il) vestito (da donna) pantalones, camisa, corbata (i) pantaloni, (la) camicia, (la) cravatta

zapatos y calcetines (le) scarpe e (i) calzini

vaqueros / jeans i jeans

librería (la) libreria

panadería (il) fornaio, (la) pasticceria

mercado (il) mercato

supermercado (il) supermercato

Agradecimientos y cortesía

Gracias. Grazie.

Muchas gracias. Grazie tante.

De nada. Prego.

Por favor. Per favore.

Sí. Sí.

No. No.

Con permiso. Mi scusi.

Perdone. Mi scusi.

Lo siento. Mi dispiace.

No entiendo. Non capisco.

No hablo italiano. Non parlo italiano.

No hablo italiano muy bien. Non parlo molto bene italiano.

¿Habla español? Parla spagnolo?

Hable despacio, por favor. Parli piano, per favore.

Repita, por favor. Ripeta, per favore

Comida y restaurantes

¿Me recomienda algún restaurante?

Dove si mangia bene?

Una mesa para dos, por favor.

Una tavola per due, per favore.

La carta, por favor. Il menu, per favore.

La lista de vinos, por favor. La lista dei vini, per favore.

primer plato / entrada (gli) antipasti

plato principal i primi piatti

postre i dolci

Quisiera algo para beber. Vorrei qualcosa da bere.

Un vaso de agua, por favor.

Una bottiglia d'acqua, per favore.

Un té, por favor. Una tazza di tè, per favore.

café con leche (un) caffè latte

cerveza una birra

¿Tiene algún plato vegetariano?

Avete dei piatti vegetariani?

Eso es todo. Basta così.

La cuenta, por favor. Il conto, per favore.

¿Incluye la propina? Il servizio è incluso?

desayuno la prima colazione

almuerzo il pranzo

cena la cena

Buen provecho. Buon appetito!

¡Salud! Salute! / Cin-cin!

¡Está riquísimo! È delizioso.

plato (il) piatto

tenedor (la) forchetta

cuchillo (il) coltello

cuchara (il) cucchiaio

servilleta (il) tovagliolo

taza (la) tazza

vaso (il) bicchiere

una botella de vino

una bottiglia di vino

hielo (il) ghiaccio

sal (il) sale

pimienta (il) pepe

azúcar (lo) zucchero

sopa (la) zuppa, (la) minestra

ensalada (l') insalata

pan (il) pane

mantequilla (il) burro

fideos (la) pasta

arroz (il) riso

queso (il) formaggio

verduras (la) verdure

pollo (il) pollo

cerdo (il) maiale

carne (la) carne

Abecedario con pronunciación y ejemplo de palabra:

A	a	albero
B	bi	bambino
C	ci	cane
D	di	dado
E	e	elefante
F	effe	foto
G	gi	gatto
H	acca	hai
I	i	italia
L	elle	luna
M	emme	mela
N	enne	narice
O	o	orecchio
P	pi	pizza
Q	qu	quadro
R	erre	rosa
S	esse	sole
T	ti	tavolo
U	u	uva
V	vi/vu	vaso
Z	zeta	zebra

Las siguientes letras no son consideradas italianas porque solamente se usan en palabras extranjeras:

J	Gei / i lunga	jazz
K	Kappa	Kiwi
W	Vi doppia / vu doppia	watt
X	Ics	xilofono
Y	Ípsilon / i greca	yogurt

Números

Cero – zero

Uno – uno

Dos – due

Tres – tre

Cuatro – quattro

Cinco – cinque

Seis – sei

Siete – sette

Ocho – otto

Nueve – nove

Diez – dieci

Once – undici

Doce – dodici

Trece – tredici

Catorce – quattordici

Quince – quindici

Dieciséis – sedici

Diecisiete – diciassette

Dieciocho – diciotto

Diecinueve – diciannove

Veinte – venti

Veintiuno – ventuno

Veintidós – ventidue

Veintitrés – ventitré

Veintiocho – ventotto

Treinta – trenta

Treinta y uno – trentuno

Treinta y dos – trentadue

Trenta y ocho – trentotto

Cuarenta – quaranta

Cuarenta y uno – quarantuno

Cuarenta y tres – quarantatré

Cuarenta y ocho – quarantotto

Cincuenta – cinquanta

Sesenta – sessanta

Setenta – settanta

Ochenta – ottanta

Noventa – novanta

Cien – cento

Mil - Mille

Diez mil - Dieci mila

Cien mil - Cento mila

1 millon - 1 milione

Hotel

Italiano - español

l'arrivo m - llegada

l'ascensore m - ascensor, elevador

l'asciugamano m - toalla

il bagaglio - equipaje

il bagno - baño

la camera doppia - habitación doble

la camera singola - habitación simple

la cancellazione - cancelación

la cassaforte - caja de seguridad

la chiave - llave

la doccia - ducha

la donna delle pulizie - ama de llaves

l'entrata f - vestíbulo

il facchino - conserje

il fattorino d'albergo - botones

la lavanderia - lavandería

i letti gemelli - dos camas simples

la partenza - salida

il personale - personal

il piano - piso

il pianterreno - planta baja

la prenotazione - reserva

il servizio in camera - servicio a la habitación

lo sportello - recepción

la sveglia - despertador

il voucher - cupón

prenotare - reservar

fare il check-in - registrarse

fare il check-out - registrar la salida

depositare - depositar

disturbare - molestar

restare - permanecer

pensione completa - pensión completa

mezza pensione - media pensión

il bed and breakfast - cama y desayuno

l'albergo m - casa de huéspedes, pensión

Aeropuerto

l'aeroporto - aeropuerto

l'aeroplano m - avión

l'agenzia di viaggi f - agencia de viajes

l'altoparlante m - altoparlante

l'arrivo m - llegada

l'assistente di volo m/f - azafata

l'atterraggio m - aterrizaje

l'atterraggio forzato m - aterrizaje de emergencia

il bagaglio - equipaje

il bagaglio a mano - equipaje de mano

il biglietto - billete

il biglietto di andata e ritorno - billete de ida y vuelta

il biglietto di sola andata - billete de ida

il controllo dei bagagli - control de equipaje

il ritiro bagagli - reclamo de equipaje

la bilancia - balanza

la cabina - cabina

la cabina di pilotaggio - cabina del piloto

il carrello - carrito

la carta d'imbarco - pase de abordo

la cintura di sicurezza - cinturón de seguridad

la coincidenza - conexión

il decollo - despegue

la dogana - aduana

libere da dogana - libre de impuestos

l'emergenza f - emergencia

il jet lag - descompensación por la diferencia horaria

la linea aerea - línea aérea

la manica a vento - manga indicadora de dirección del viento

il nastro trasportatore - cinta transportadora

il numero di volo - número de vuelo

la partenza - salida

il passaporto - pasaporte

il pilota - piloto

la pista - pista

il portafogli - maletín, portafolios

il posto - asiento

la prenotazione - reserva

il salvagente - salvavidas

i servizi - sanitarios

lo stato del volo - estado del vuelo

in ritardo - demorado

in orario - en horario

la torre di controllo - torre de control

il turista - turista

l'uscita f - puerta

l'uscita di sicurezza f - salida de emergencia

la valigia - maleta

il viaggio de linea - viaje de línea

il volo - vuelo

il volo internazionale - vuelo internacional

il volo nazionale - vuelo de cabotaje

il volo senza scalo - vuelo directo

imbarcarsi - abordar

allacciare la cintura di sicurezza - abrocharse el cinturón de
seguridad

decollare - despegar

atterrare - aterrizar

Ejercicio de Lectura

Lea la carta que Luca le escribió a Leila y responda las preguntas. Las palabras que no comprendas búscalas en un diccionario o con un traductor.

Cara Leila, Sono appena arrivato in Italia ed è un luogo davvero incantevole. Ieri ho visitato il centro di Roma e devo dire che è davvero una città con molti monumenti antichi, infatti sono risalenti all'epoca Romana. Ho visto il Colosseo e devo ammettere che pensavo fosse più piccolo, invece è grande ed è davvero un bel monumento, peccato che non sono riuscito ad entrare.

Ieri sono andato con dei miei amici a mangiare in un ristorante in cui cucinano dell'ottimo pesce, ma come tu ben sai, a me il pesce non piace, infatti ho ordinato una pizza ed era davvero molto buona.

Dopo la cena siamo andati a fare un giro nella parte antica della città, dove ci sono i resti archeologici dell'antica Roma, sembrano disposti in maniera casuale e invece ricostruiscono perfettamente la pianta della città di molti anni fa.

Vorrei dirti tante cose, ma non ho molto tempo perché ho molte commissioni da svolgere. Ti saluto con un bacio. Non vedo l'ora di tornare da te. Sono due giorni che non ci vediamo e già mi manchi tanto.

Pregunta 1:

Quando ha visitato il centro di Roma Luca?

- Oggi
- Ieri
- Domani
- Lunedì

Pregunta 2:

Cosa ha ordinato Luca la sera prima al ristorante?

- Del pesce
- Il Colosseo
- La pizza
- Un bacio

Pregunta 3:

Dove è andato Luca con i suoi amici dopo cena?

- Al Colosseo a mangiare una pizza.

- A fare un giro nella parte antica della città, dove ci sono i resti archeologici.
- A fare un giro nella parte antica della città, in un ristorante che serve dell'ottimo pesce.
- A Dormire nella sua casa appena affittata che dista pochi chilometri dal Colosseo.

Pregunta 4:

Come è secondo Luca l'Italia?

- Un luogo incantevole
- A Luca non piace il pesce
- È incantevole solo il Colosseo
- Bella ma troppo stretta

Pregunta 5:

Quanti giorni sono che Luca e Leila non si vedono?

- 12 giorni
- 22 giorni
- 21 giorni
- 2 giorni

Italiano Básico

Pronunciación

En esta primera aproximación al italiano explicamos la correspondencia entre grafía y fonemas, es decir, entre escritura y pronunciación.

La mayoría de las letras tienen aproximadamente la misma pronunciación en italiano y español, por lo tanto, nos limitaremos a aquellos casos en que no existe tal correspondencia.

La pronunciación siempre la encontrará entre barras: / /.

Hemos optado por un sistema de pronunciación figurada que, aunque no es tan exacto como aquellos que utilizan los símbolos del Alfabeto Fonético Internacional, sí es más sencillo para quien no va a escuchar al profesor directamente.

La "ch" italiana siempre corresponderá al sonido /k/

Ej.: che /ke/ chi /ki/ como en las palabras "chiaro" /kiáro/: claro, "chitarra" /kitárra/: guitarra, "che" /ke/: qué, "chi" /ki/: quién.

La "c", cuando se encuentra delante de "a", "o" y "u", se pronuncia igual que en español, pero delante de las vocales "e", "i" tiene el sonido de nuestra /ch/:

Ej: "casa" /kása/, "cosa" /kósa/, "cuore" /kuóre/: corazón.

Pero veamos ahora estos ejemplos: "cielo" /chélo/, "ciao" /cháo/: hola / adiós – "ciao" se utiliza indistintamente en saludos y despedidas-, "certo" /chérto/: verdadero, cierto.

Por lo tanto, tenemos... ca /ka/ - che /ke/ - chi /ki/ - co /ko/ - cu /ku/ y...cia /cha/ - ce, cie /che/ - ci /chi/ - cio /cho/ - ciu /chu/.

La "g" delante de "a", "o" y "u" se pronuncia como en español; pero delante de "e", "i" se pronuncia aproximadamente como la /y/ que utilizan los argentinos, aunque algo más fuerte, haciendo más presión con la parte central de la lengua contra el paladar.

Ej "gatto" /gát-to/, "guerra" /güérra/: guerra, pero "già" /ya/: ya, mangiare /manyáre/: comer, giro /yíro/: paseo, vuelta.

Para lograr el sonido fuerte de la "g" delante de "e", "i", se debe escribir la combinación de letras "gh", ej ghiaccio /guiácho/: hielo.

La combinación "gn" da el sonido de nuestra /ñ/ ej "lavagna /laváña/: pizarrón, cagna /káña/: perra.

Entonces tendremos... ga /ga/ - ghe /gue/ - ghi /gui/ - go /go/ - gu /gu/ y... gia /ya/ - ge, gie /ye/ - gi /yi/ - gio /yo/ - giu /yu/.

La combinación "gli" nos da el sonido de la "ll" española en regiones donde no existe el fenómeno conocido como "yeísmo" -que es la pronunciación de las grafías "y" y "ll" con un mismo sonido en palabras como "yo" y "llovizna", por ejemplo-. Este sonido de la "ll" lo representaremos con la letra griega landa /λ/ ej. moglie /moλe/: esposa, gli/λi/: (caso especial del artículo definido masculino en el plural: los.).

Existen, no obstante, algunas pocas excepciones que se pronuncian como en español: ej., ganglio /gánglio/: ganglio, negligente /negliyénte/: negligente, glicerina /glicherína/: glicerina, etc.

Los sonidos sci-sce se pronuncian como la sh en inglés: ej., gli sci /λi shi/: los esquís.

Las consonantes dobles o bien tienen un sonido más fuerte que cuando se encuentran sencillas, o se pronuncian ambas. Veamos algunos ejemplos:

"spiaggia" /spiad-ýa/: playa, cavallo /kavál-lo/: caballo – observe que se pronuncian dos eles separadas-, penna /pén-na/ bolígrafo, lapicero, anno /an-no/: año.

La "z" tiene dos pronunciaciones, una sorda /ts/ y otra sonora /dz/, ej. prezzo /pret-tso/: precio, zucchero /dzuk-kero/: azúcar, mezzogiorno /meddzoyorno/: mediodía, ragazza /ragat-tsa/: muchacha.

Aquí también, en los casos con las consonantes dobles zz (/ts/ y /dz/) hay que pronunciar con un sonido doble o más fuerte.

La "s" también puede tener un sonido sordo y otro sonoro que fonéticamente representamos con /s/ para el sonido "áspero" o sordo, y /z/ para el sonido sonoro o "dulce".

En nuestras primeras lecciones ofreceremos algunas transcripciones figuradas, pero más adelante iremos prescindiendo de ellas, pues las reglas son bien estables.

Los pronombres personales y el verbo "essere" (ser / estar)
Singular

io sono: yo soy / estoy

tu sei: tú eres / estás

lei è: ella es / está

lui è: él es / está

Lei è: usted es / está (trato formal)

Plural

noi siamo: nosotras/os somos / estamos

voi siete: vosotras/os sois / estáis

loro sono: ellos / ellas son / están

Loro sono: ustedes son /están (trato formal, bastante en desuso en la actualidad)

Como puede ver, para el trato formal (Usted) se utiliza el mismo pronombre que para la tercera persona del femenino singular (Ella), sólo que se escribe comúnmente con mayúscula, aunque no se encuentre al principio de la oración. Por lo tanto, la oración "Lei parla bene l'italiano" podría bien ser "Usted habla bien el italiano" o "Ella habla bien el italiano" y para estar seguros de a quién nos referimos dependemos del contexto.

Veamos ahora algunos ejemplos con estos verbos:

Io sono l'insegnante d'italiano /io sóno linseñánte ditaliáno/: Yo soy el profesor / maestro de italiano.

Tu sei una ragazza molto simpatica /tu sei una ragát-tsa mólto simpátika/: Tú eres una muchacha muy simpática.

Maria è l'amica di Lucia /maría è lamíka di luchía/: María es la amiga de Lucía.

Noi siamo gli studenti d'italiano /noi siámo λi studénti ditaliáno/: Nosotros somos los estudiantes de italiano.

Anche voi siete studenti? / ánke voi siéte studénti/ ¿Vosotros sois también estudiantes?

Lui è il signor(e) Berlucci /lui e il siñór (e) berlúchi/: Él es el señor Berlucci.

Loro sono entrambi italiani /lóro sóno entrambi italiáni/: Ellos (ambos) son italianos

Minidiálogos

En este capítulo, le proponemos unos minidiálogos donde aparecen ejemplos que ilustran la gramática estudiada con anterioridad.

Lei è il signor* Berlucci? /lei e il siñór berlúchi/

¿Es usted el señor Berlucci?

No, mi dispiace. Non sono io. Io mi chiamo Paolo Bianco.

/no, mi dispiáche, non sóno ío, ío mi kiámo paolo biánko/

No lo siento, no soy yo. Yo me llamo Paolo Bianco.

Tu sei l'amico di Lucia? /tu sei lamíko di luchía/

¿Tú eres el amigo de Lucía?

Sì, sono io. /si, sóno ío/

Sí, soy yo.

Chi è il direttore qui? /ki e il diret-tóre kuí/

¿Quién es el director aquí?

Il direttore è quel signore alto e grasso /il diret-tóre e kuel siñóre álto e gráso/

El director es aquel señor alto y grueso / gordo.

Lei è straniero? /lei è straniéro/

¿Usted es extranjero?

Sì, sono straniero. Sono italiano. /si, sóno straniéro, sóno italiáno/

Sí, soy extranjero. Soy italiano.

Voi siete turisti? /voi siéte turísti/

¿Vosotros sois turistas?

Sì, siamo turisti. Siamo tedeschi. /si, siámo turísti, siámo tedeski/

Si, somos turistas. Somos alemanes.

-Nota: La palabra "signore" y los títulos que terminan en –ere/-ore: como professore, dottore, ingegnere, infermiere, etc delante de un nombre o apellido pierden la "e" final: dottor Michele, signor Martínez, professor Rossi.

Los artículos definidos (el, la, los, las)

Los artículos en italiano son más abundantes que en español, pues existen casos en que éstos deben cambiar según las letras con que comienza la palabra que definen.

La forma común que tienen estos artículos en italiano es la siguiente:

il: el

la: la

i: los

le: las

Ejemplos:

il ragazzo: el muchacho il libro: el libro.

la ragazza: la muchacha la rivista: la revista.

i ragazzi: los muchachos i libri: los libros.

le ragazze: las muchachas le riviste: las revistas.

Observe además como los sustantivos masculinos que terminan en "o" forman el plural cambiando esta vocal por "i" ej ragazzo (sing) Ragazzi (pl) y los femeninos que terminan en "a" froman el plural cambiando esta vocal por "e", ej ragazza (sing) ragazze (pl). Esto es válido también para los adjetivos. Ej. Il libro caro. I libri cari.

Ahora bien, si el sustantivo comienza con vocal, el artículo siempre va a ser una "l" apostrofada: (l') tanto para el masculino como para el femenino en singular:

l'allievo: el alumno

l'aria: el aire (femenino en italiano)

l'auto: el auto (femenino en italiano, porque es la abreviación de automòbile, que también es femenino, pero usualmente se le llama la macchina /mák-kina/

l'aula: el aula

l'aiuto: la ayuda (masculino en italiano)

l'uomo: el hombre

Para el plural en este caso utilizamos el artículo "gli" con el masculino; pero mantenemos "le" con el femenino.

Gli alunni: los alumnos

Gli uomini: los hombres

Le auto: los autos (como auto es un préstamo lingüístico del griego, se mantiene igual en el plural. Esto sucede con todas las palabras extranjeras que se han incorporado al italiano, ej.: bar, drink, gas, weekend, hotel, garage, etc.)

En el caso de cinema se trata de la contracción de cinematografia (plural cinematografie) y no entra en la clasificación de las palabras extranjeras; pero la forma contraída se mantiene igual en el plural.

Artículos (continuación)

Con los sustantivos masculinos que comienzan con "s" impura (una "s" seguida de otra consonante ej., st - sp – sc – sch – str– sv), los que comienzan con z, y grupos de consonantes, como gn – ps –, etc., el artículo que se utiliza es "lo":

lo zio: el tío

lo spettacolo: el espectáculo

lo stesso: lo mismo

lo studente: el estudiante

lo specchio /lo spek-kio/: el espejo

Con el femenino estas palabras mantienen el artículo "la":

la zia: la tia la studentessa: la estudiante.

Para terminar este capítulo, veamos algunos ejemplos dentro de algunos mini-diálogos:

Tu sei l'insegnante d'italiano?

(¿Tú eres maestro de italiano?).

No, io faccio il cameriere, ma mia moglie è professoressa.

(No, yo soy camarero; pero mi esposa es profesora.).

Dov'è il libro? Dove sono le riviste? /dové il libro.../.

(¿Dónde está el libro? ¿Dónde están las revistas?).

Il libro è sulla tavola, ma le riviste sono sul letto.

(El libro está sobre la mesa, pero las revistas están sobre la cama.).

Hai visto che lo specchio è rotto? /ai vísto ke lo spék-kio e rót-to/.

(¿Has visto que el espejo está roto?).

Sì, e le lenzuole sono sporche! /si, e le lendzuóle sóno spórke/ (Sí, y las sábanas están sucias.).

E l'aria condizionata non funziona! /e lária conditsionáta non funtsióna/.

(¡Y el aire acondicionado no funciona!).

Il verbo "avere"

Este verbo tiene dos significados, uno, como verbo auxiliar en el antepresente, es decir, "haber", y otro como verbo principal, "tener".

En este capítulo nos centraremos en este segundo significado.

Singular

io ho: yo tengo

tu hai: tú tienes

lui ha: él tiene

lei ha: ella tiene

Lei ha: usted tiene (formal).

Plural

noi abbiamo: nosotras/os tenemos

voi avete: vosotras/os tenéis

loro hanno: ellos / ellas tienen

Loro hanno: ustedes tienen (formal).

Ejemplos:

Quanti anni hai? /kuánti an-ni ai/

¿Cuántos años tienes?

Io ho quarantatre anni /ío ó kuarantatré án-ni/:

Tengo 43 años.

Lei ha un figlio e due figlie /lei á un fíλio e dúe fíλie/:

Usted tiene un hijo y dos hijas / Ella tiene un hijo y dos hijas (según contexto).

Voi avete i biglietti? /voi avéte i biλiét-ti/

¿Tenéis los billetes/ pasajes?

Loro hanno molti amici stranieri /lóro án-no mólti amíchi straniéri/

Ellos / Ellas tienen muchos amigos extranjeros. / Ustedes tienen muchos amigos extranjeros. (según contexto).

Tu non hai voglia di mangiare una pizza? /tu non ái vóλia di manyáre una pítsa/:

¿No tienes deseos de comer una pizza?

Usted debe saber que, como ocurre en español, el pronombre personal puede omitirse en italiano, pues la forma verbal nos dice de qué persona gramatical se habla, ej.: Parlo un po' l'italiano: Hablo un poco de italiano.

–se entiende que se trata de la primera persona del singular, es decir, yo-.

Diálogo con los verbos aprendidos

Observemos este pequeño diálogo donde mayormente se utilizan los verbos que hemos estudiado hasta ahora:

Lei è l'insegnante d'italiano?

Sì, sono io. E tu chi sei?

Sono il nuovo studente. Il mio nome è Juan. Qual' è il suo nome, professore?

Io mi chiamo Gianni.

E qual' è il suo cognome?

Rizzo, Gianni Rizzo. Piacere.

Il piacere è tutto mio, professor Rizzo.

Sei sposato, Juan?

Sì, sono sposato. Mia moglie è infermiera.

Io, invece, sono ancora celibe. E quanti anni ha tua moglie?

Ne ha soltanto diciannove. È ancora molto giovane.

Avete figli?

No, non abbiamo ancora figli.

Be'. Ci vediamo lunedì a lezione.

ArrivederLa, professore.

Pronunciación figurada: (Traduce las frases)

/lei é linseñánte ditaliáno/

/si, sóno ío, e tú ki sei/

/sóno il nuóvo studénte, il mío nóme e juan, kuál e il súo nóme profesóre/

/ío mi kiamo yán-ni/

/e kuál é il suo koñóme/

/rítso, yán-ni rítso, piachére/

/il piachére e tút-to mío profesór rítso/

/sei sposáto juan/

/si, sóno sposáto, mia móλie è infermiéra/

/ío, invéche, sóno ankóra chélibe, /e kuánti án-ni á túa móλie/

/ne á soltánto dichan-nóve , é ankóra mólto yóvane/

/avéte fíλi/

/no, non ab-biámo ankóra fíλi /

/bé, chi vediámo lunedí a letsione /

/arrivéderla profesóre/

Traducción:

___ ¿Usted es el maestro de italiano?

___ Sí soy yo. ¿Y tú quién eres?

___ Soy el nuevo estudiante. Mi nombre es Juan. ¿Cuál es su nombre, profesor?

___ Yo me llamo Gianni.

___ ¿Y cuál es su apellido?

___ Rizzo, Gianni Rizzo. Es un placer.

___ El placer es todo mío, profesor Rizzo.

___ ¿Eres casado, Juan?

___ Sí, soy casado. Mi mujer es enfermera

___ Yo, en cambio, soy aun soltero. ¿Y cuántos años tiene tu esposa?

__ Ella tiene sólo 19 años. Es aún muy joven.

__ ¿Tenéis hijos?

__ No, no tenemos hijos aún.

__ Bien, nos vemos en la lección el lunes.

__ Hasta luego, profesor. (lit. Hasta volver a verlo)

Funciones comunicativas y vocabulario

Preguntar el nombre

Qual' è il suo nome? (¿Cuál es su nombre?) (formal, trato de "usted").

Qual' è il tuo nome? (¿Cuál es tu nombre?) (familiar, trato de "tú").

Come si chiama Lei? /kóme si kiáma lei/ (¿Cómo se llama usted?).

Come ti chiami? /kóme ti kiami/ (¿Cómo te llamas?).

Mi può dire il suo nome, per favore? (¿Me puede decir su nombre, por favor?).

Qual' è il suo / il tuo cognome? (¿Cuál es su / tu apellido?).

Presentarse

Ciao, io sono…

(Hola, yo soy…).

Buon giorno. Io mi chiamo...

(Buenos días. Yo me llamo...).

Allora, mi presento. Io sono…

(Entonces, me presento. Yo soy…).

Piacere (Es un placer).

È stato un piacere (Ha sido un placer.).

Molto lieto di fare la sua conoscenza.

(Encantado de conocerlo/a) (lit. Muy contento de hacerme su conocido/a).

Preguntar sobre el estado civil de alguien

Qual' è il suo stato civile?

(¿Cuál es su estado civil?).

È sposato/a?

(Es casado/a?).

Sei sposato/a? (¿Eres casado/a?).

Sei maritata? (¿Eres casada? –informal, sólo para el femenino.).

Sono sposato/a (Soy casado/a).

Sono celibe (Soy soltero –masculino-).

scapolo (soltero –masculino-).

nubile (soltera –femenino-).

vedovo/a (viudo/a).

Despedirse (Prendere congedo / commiato).

A dopo (Hasta luego).

Devo andare via. A più tardi

(Tengo que irme. Hasta más tarde).

Arrivederci (Hasta la vista).

A domani: (Hasta mañana).

A lunedì / martedì / mercoledì / giovedì / venerdì / sabato / domenica (Hasta el lunes / martes / miércoles / jueves…).

Preguntar la edad

Quanti anni ha? (¿Cuántos años tiene?).

Quanti anni hai? (¿…tienes? –trato de "tú").

Qual' è la sua età? / ¿Cuál es su edad?

Para decir la edad, necesitamos conocer los números (Ver los números en capítulo anterior).

Traducir el diálogo

Observemos ahora otro diálogo donde se observan algunas de las funciones comunicativas estudiadas en el capítulo anterior. Le recomendamos practicar estas funciones con un(a) compañero/a utilizando información personal.

__ Sei maritata, Lucia?

__ Sì, sono sposata da quattro anni. E tu?

__ No, non ancora, grazie a Dio. Chi è tuo marito?

__ È un ragazzo straniero.

__ Davvero? Qual' è la sua nazionalità?

__ Lui è canadese.

__ Non è vero!

__ Sì che è vero. Dopo te lo presento.

__ Bene. Adesso devo andare via. Ciao.

__ Ciao.

Traducción:

__ ¿Eres casada, Lucía?

__ Sí, soy casada desde hace cuatro años. ¿Y tú?

__ No, no aun, gracias a Dios. ¿Quién es tu marido?

__ Es un chico extranjero.

__ ¿De veras? ¿Cuál es su nacionalidad?

__ Él es canadiense.

__ ¡No es cierto!

__ Sí que es cierto. Después te lo presento.

__ Bien. Ahora tengo que irme. Adiós.

__ Adiós.

Las conjugaciones de los verbos en el presente del indicativo

Para aprender a conjugar los verbos en italiano tomaremos como ejemplo tres verbos modelos que son regulares dado que un grupo significativo de verbos con igual terminación siguen el mismo patrón para su conjugación.

El primer grupo lo constituyen aquellos verbos que se conjugan igual que el verbo AMARE –terminación: "…are"-.

El segundo grupo está formado por aquellos verbos que se conjugan igual al verbo TEMERE –terminación "…ere"-. En el tercero tenemos aquellos verbos que se conjugan como el verbo PARTIRE.

Existe un grupo de verbos dentro del tercer grupo que toman –isc, entre la raíz y la terminación. (se conjugan como el verbo FINIRE, que veremos más adelante).

Con los verbos regulares siempre se mantiene la raíz del verbo invariable y los cambios se realizan en la terminación, según la persona gramatical de quien se hable. Estos verbos nos servirán como modelos para conjugar todos los demás verbos regulares con igual terminación.

<u>1er Grupo:</u>

AMARE (raíz del verbo: AM-) (terminación –ARE): (amar).

    Io amo (yo amo)

    Tu ami (tú amas)

    Lei / Lui ama (usted / ella / él ama)

    Noi amiamo (nosotras/os amamos)

Voi amate (vosotras/os amáis)

Loro amano (ellas / ellos aman)

Se conjugan de la misma forma los verbos: lavorare (trabajar), pensare (pensar), guadagnare (ganar, ej., dinero), visitare (visitar), insegnare (enseñar), salutare (saludar), viaggiare (viajar), mangiare (comer), studiare (estudiar), imparare (aprender), aspettare (esperar, aguardar) y muchos otros verbos que usted irá descubriendo poco a poco.

Ejemplos:

Ti amo tanto! (¡Te amo tanto!)

Non guadagno molto denaro. (No gano mucho dinero.).

__ Chi aspetti? __ Aspetto un amico. (__ ¿A quién esperas? __ Espero a un amigo.).

Marta visita le sue amiche il fine settimana. (María visita a sus amigas el fin de semana.).

Gli studenti salutano il professore. (Los estudiantes saludan al profesor.).

Segundo grupo de verbos regulares

TEMERE (raíz del verbo: TEM-) (terminación -ERE): (temer)

Io temo (yo temo)

Tu temi (tú temes)

Lei / Lui teme (usted / ella / él teme)

Noi temiamo (nosotras/os tememos)

Voi temete (vosotras/os teméis)

Loro temono (ellas / ellos temen)

Otros verbos de este mismo grupo son: vedere (ver), credere (creer), scrivere (escribir), vivere (vivir), prendere (tomar, coger), mettere (poner), etc.

Ejemplos:

Gli studenti scrivono le frasi. (Los alumnos escriben las oraciones).

Vedi quella ragazza? È la mia fidanzata. (¿Ves aquella muchacha? Es mi novia.).

Voi credete che sia possibile? (¿Creed vosotros que sea posible?).

Ci vediamo dopo. (Nos vemos después.).

Prendi tu quest'autobus? (¿Tomas tú este ómnibus?).

Conjugación del tercer grupo

PARTIRE (raíz: -PART) (terminación: -IRE): (partir)

Io parto

(yo parto)

Tu parti (tú partes)

Lei / Lui parte

(usted / ella / él parte)

Noi partiamo

(nosotras/os partimos)

Voi partite

(vosotras/os partís)

Loro partono (ellas / ellos parten)

Se conjugan también así los verbos: dormire (dormir), sentire (sentir, escuchar), aprire (abrir), etc.

Ejemplos:

A che ora dorme il bambino? (¿A qué hora duerme el niño?).

Senti anche tu quel rumore? (¿Escuchas también tú ese ruido?).

Loro aprono i libri a pagina dodici. (Ellos abren los libros en la página doce.).

Conjugación de los verbos especiales del tercer grupo
FINIRE (raíz: -FIN) (terminación: -IRE): (terminar)

Io finisco /finísko/ (yo termino)

Tu finisci /finischi/ (tú terminas)

Lei / Lui finisce /finísche/ (usted / ella / él termina)

Noi finiamo /finiámo/ (nosotras/os terminamos)

Voi finite /finíte/ (vosotras/os termináis)

Loro finiscono /finískono/ (ellas / ellos terminan)

Se conjugan también de esta forma los verbos: capire (comprender, entender), spedire (enviar, mandar), preferire (preferir), etc.

Ejemplos:

A che ora finisci il tuo lavoro? (¿A qué hora terminas tu trabajo?).

Finisco il mio lavoro alle cinque. (Termino mi trabajo a las cinco.).

Capisci ciò che te dico? (¿Comprendes lo que te digo?).

Non capisco ciò che mi dici. (No entiendo lo que me dices.).

Loro preferiscono mangiare il pesce. (Ellos prefieren comer pescado.).

Las rutinas diarias

Con los verbos en presente simple del modo indicativo podemos hablar, entre otras cosas, de nuestras rutinas diarias, las cosas que nos gustan y las que no, etc. Veamos ahora cuál es mi rutina diaria y la de los míos: Ogni giorno, mi alzo alle sette. Mi lavo e dopo faccio la prima colazione -di solito pane con burro, caffellatte-. Dopo mi vesto ed esco di casa per prendere l'autobus ed andare al lavoro. Lavoro dalle otto e mezza alle cinque. Il pranzo lo faccio (nella) a scuola, dove lavoro.

Quando finisco il mio lavoro, ritorno a casa, aiuto un po' mia moglie con i bambini, prendo una doccia e più tardi ceno.

La sera di solito guardo la TV (ti vú), leggo qualche libro e poi vado a letto verso le undici e mezza, perche devo lavorare il giorno dopo.

Mia moglie non lavora fuori di casa. Lei è casalinga: sempre resta a casa fa tutto il lavoro. Lei lavora più di me! Lava, cucina, fa la pulizia della casa e tante altre cose. I bambini vanno a scuola la mattina e il pomeriggio restano a casa, giocano un pò, fanno il bagno, e fanno le solite cose.

Algunas notas sobre el texto anterior:

aiutare: ayudar. -Sustantivo: l'aiuto (masculino.).

alzarsi: (levantarse) – io mi alzo, tu ti alzi, lei / lui si alza, noi ci alziamo, voi vi alzate, loro si alzano. (Verbo reflexivo: el sujeto y el objeto son la misma persona.).

andare a letto: (acostarse, ir a la cama) Io vado a letto alle undici e mezza.

(Me acuesto a las once y media.). Sinónimo: coricarsi: mi corico, ti corichi... andare: (ir) Verbo irregular de alta frecuencia de uso: Io vado, tu vai, lei / lui va, noi andiamo, voi andate, loro vanno.

esco (del verbo "uscire"= salir: Io esco, tu esci, lei / lui esce, noi usciamo, voi uscite, loro escono).

fare: (hacer) – Io faccio, tu fai, lei / lui fa, noi facciamo, voi fate, loro fanno fare il bagno / la doccia: (bañarse, literalmente: hacer el baño / (tomar el baño) / la ducha).

fare la prima colazione: (desayunar).

giocare: (jugar). gioco, giochi, gioca, giochiamo, giochiate, giocano.

moglie: esposa.

prendere: tomar, coger, e.g., el autobús, la cena, el baño, etc.

Traducción:

Cada día me levanto a las siete. Mi lavo y después desayuno –comúnmente pan con mantequilla y café con leche-. Después me visto y salgo de casa para tomar el ómnibus e ir al trabajo. Trabajo desde las ocho y media hasta las cinco. El almuerzo lo hago en la escuela, donde trabajo.

Cuando termino mi trabajo, regreso a casa, ayudo un poco a mi esposa con los muchachos / niños, tomo una ducha y más tarde la cena.

Por la noche comúnmente miro la TV, leo algún libro y luego voy a la cama sobre las once y media porque tengo que trabajar el día siguiente.

Mi esposa no trabaja fuera de casa. Es ama de casa: siempre se queda en casa y hace todo el trabajo. ¡Trabaja más que yo! Lava, cocina, hace la limpieza de la casa y tantas otras cosas. Los niños van a la escuela por la mañana y por la tarde se quedan en casa, juegan un poco, toman el baño y hacen las cosas acostumbradas.

Veamos ahora un listado de las actividades domésticas más comunes:

Le facende domestiche:

Fare il letto: hacer la cama

Cambiare le lenzuole: cambiar las sábanas

Scopare il pavimento: barrer el piso

Spolverare i mobili: desempolvar los muebles

Lavare i vestiti: lavar la ropa

Stirare i vestiti: planchar la ropa

Cucinare: cocinar

Lavare i piatti: fregar los platos

Los pronombres y verbos reflexivos

En el capítulo anterior vimos algunos ejemplos de verbos reflexivos, alzarsi, lavarsi, vestirsi (levantarse, lavarse, vestirse) y explicamos que en los verbos reflexivos el sujeto (quien realiza la acción) y el objeto (sobre quien cae la acción) son la misma persona. Cuando digo "me peino", soy yo quien peina y la acción se ejecuta sobre mi propia persona.

Los pronombres reflexivos son:

mi (me), ti (te), si (se), ci (nos), vi (os), si (se)

Veamos ahora algunos ejemplos con estos y otros verbos comunes: pettinarsi: (peinarse) Io mi pettino, tu ti pettini, lei / lui si pettina, noi ci pettiniamo, loro si pettinano.

chiamarsi: (llamarse) mi chiamo, ti chiami, ci chiamiamo…

lavarsi i denti: (cepillarse los dientes) eg, (Io mi lavo i denti..).

radersi: (afeitarse) eg, Io mi rado ogni mattina. (Me afeito cada mañana.).

lavarsi: (lavarse) mi lavo, ti lavi, si lava...

vestirsi: (vestirse) mi vesto, ti vesti, si veste, ci vestiamo...

svegliarsi: (despertarse).

Veamos otros ejemplos de verbos reflexivos:

Loro si amano da molto tempo.: (Ellos se aman desde hace mucho tiempo.).

Noi ci vediamo spesso.: (Nosotros nos vemos a menudo.).

Pruebe a responder estas preguntas personales:

A che ora si alza?

(Che) cosa fa dopo essersi alzato? –se puede omitir la palabra "Che", y de hecho es común que se haga-

(Che) cosa prende di solito per la prima colazione?

Studia o lavora?

Dove lavora? / Dove studia?

Qual' è il suo orario di lavoro?

A che ora ritorna a casa?

(Che) cosa fa di solito la sera? Rimane a casa?

Le piace guardare la TV?

A che ora va a letto?

Ahora, antes de leer lo que sigue en la próxima página, pruebe a hacer estas mismas preguntas tratando a su interlocutor de "tú". Una vez que haya hecho el ejercicio, nunca antes, compruebe con lo que sigue.

A che ora ti alzi?

Cosa fai dopo esserti alzato?

Cosa prendi di solito per la prima colazione?

Studi o lavori?

Dove lavori / Dove studi?

Qual' è il tuo orario di lavoro?

A che ora ritorni a casa?

Cosa fai di solito la sera? Rimani a casa?

Ti piace guardare la TV?

A che ora vai a letto?

Verbos irregulares más comunes

Ya hemos aprendido a conjugar los verbos regulares en italiano que se dividen en tres declinaciones: amare, temere, partire. No obstante, existen muchos verbos que no siguen esta regularidad y tienen una amplia utilización en el idioma, pues es precisamente el uso el que los ha "deformado".

Ahora conjugaremos algunos de los más necesarios para una comunicación básica:

Andare: (ir)

    Io vado: (voy)

    Tu vai: (vas)

    Lei / lui va: (va)

    Noi andiamo: (vamos)

    Voi andate: (vais)

    Loro vanno: (van)

Dire: (decir)

    Io dico: (digo)

    Tu dici: (dices)

Lei / Lui dice: (dice)

Noi diciamo: (decimos)

Voi dite: (decís)

Loro dicono: (dicen)

Venire: (venir)

Io vengo

Tu vieni

Lei / Lui viene

Noi veniamo

Voi venite

Loro vengono

Sapere: (saber)

Io so

Tu sai

Lei / Lui sa

Noi sappiamo

Voi sapete

Loro sanno

Uscire: (salir)

Io esco

Tu esci

Lei / Lui esce

Noi usciamo

Voi uscite

Loro escono

Fare: (hacer)

Io faccio

Tu fai

Lei / Lui fa

Noi facciamo

Voi fate

Loro fanno

Rimanere: (permanecer, quedarse)

Io rimango

Tu rimani

Lei / Lui rimane

Noi rimaniamo

Voi rimanete

Loro rimangono

Dare: (dar)

Io do

Tu dai

Lei / Lui da

Noi diamo

Voi date

Loro danno

La mayoría de los diccionarios disponibles ofrecen la conjugación completa de los verbos irregulares cuando presentan el infinitivo. Con los verbos regulares generalmente no se ofrece la conjugación.

Ejemplos con verbos irregulares:

___ Dove vai? (¿A dónde vas?).

___ Vado dalla mia fidanzata. (Voy a casa de mi novia.).

___ Da dove vieni? (¿De dónde vienes / procedes?).

___ Vengo dall'Italia. (Vengo de Italia / Procedo de Italia.).

Il fine settimana rimango a casa o vado dai miei amici. (El fin de semana me quedo en casa o voy a donde mis amigos –a casa de mis amigos-.).

Muchos italianos utilizan la voz inglesa weekend para referirse al fin de semana, eg, Il weekend esco con degli amici. (El fin de semana salgo con algunos amigos.).

___ Sai cosa succede? (¿Sabes qué sucede?).

___ No, non so niente. (No, no sé nada.).

__ Ti do il mio numero di telefono? (¿Te doy mi número de teléfono?).

__ No, grazie. Ce l'ho. (No, gracias. Lo tengo.).

I verbi servili (Los verbos serviles)

Se llama así a aquellos verbos que se hacen acompañar de otro verbo en infinitivo y que expresan matices tales como el deber, la necesidad, la habilidad, el deseo.

Conociendo estos verbos podemos salvar muchas situaciones en que no podamos conjugar un verbo determinado, por ejemplo, si no sé conjugar el verbo andare (ir) en primera persona, entonces digo: Io devo andare… (Yo debo ir…), es decir, sólo tengo que conocer el infinitivo del verbo principal y utilizarlo con el "verbo servile" propiamente conjugado.

Veamos ahora estos verbos tan útiles:

Dovere: (deber, tener que…)

Io devo (debo, tengo que…)

Tu devi (debes, tienes que…)

Lei / Lui deve (debe, tiene que…)

Noi dobbiamo (debemos, tenemos que…)

Voi dovete (debéis, tenéis que…)

Loro devono (deben, tienen que…)

Ej. Devo partire domattina: (Tengo que irme mañana por la mañana.)

Devi dirmi la veritá: (Tienes que decirme la verdad.)

Dobbiamo andare via subito: (Tenemos que irnos enseguida.)

<u>Potere: (poder)</u>

Io posso (puedo)

Tu puoi (puedes)

Lei / Lui può (puede)

Noi possiamo (podemos)

Voi potete (podéis)

Loro possono (pueden)

Ej. __Tu puoi parlare italiano? (¿Puedes hablar italiano?)

__No, non posso parlarlo, ma posso capirlo bene. (No, no puedo hablarlo, pero puedo comprenderlo bien.)

__Potete venire con noi? (¿Podéis venir con nosotros?)

__Non possiamo. Dobbiamo rimanere qui.: (No podemos. Debemos quedarnos aquí.)

__Puoi dirmi che ore sono? (¿Puede decirme qué hora es?)

__Sono le cinque. (Son las cinco.)

<u>Volere: (querer)</u>

Io voglio (quiero)

Tu vuoi (quieres)

Lei / Lui vuole (quiere)

Noi vogliamo (queremos)

Voi volete (queréis)

Loro vogliono (quieren)

Ej. Non voglio fare niente oggi. : (No quiero hacer nada hoy.).

Vuoi venire con me?: (¿Quieres venir conmigo?)

Lei non vuole parlare con me.: (Ella / Usted no quiere hablar conmigo –según contexto-.)

Esta misma técnica la podemos utilizar con verbos que expresan significados similares como desiderare (desear, verbo regular del primer grupo), preferiré (preferir, se conjuga como "finire".

Ej. __ Vuoi venire con me?

__ No, preferisco restare quì. Non desidero far niente.

Adjetivos más comunes para describir personas u objetos

En este capítulo aprenderemos algunos adjetivos con sus antónimos y sinónimos cuando sea posible y veremos algunas descripciones de personas.

Recuerde que los adjetivos en italiano se conjugan igual que los sustantivos.

alto - basso: bajo

amabile: amable - scortese: rudo, descortés

bello /bel-lo/ - brutto: feo

biondo: rubio castano - bruno: de pelo negro (moreno)

buono: bueno - cattivo: malo

chiaro: claro - oscuro

divertente: divertido, entretenido - noioso: aburrido

forte: fuerte - debole: débil

freddo: frío - caldo: caliente

gentile: gentil - scortese: malcriado

giovane: joven - vecchio: viejo

gradevole: agradable - sgradevole: desagradable

grande - piccolo: pequeño

grasso: gordo, grueso - magro: flaco, delgado

intelligente /intel-liyente/ - stupido: tonto

largo: ancho - stretto: estrecho

liscio: liso, (simple) - ondulato: rizado

lungo: largo - corto

nuovo: nuevo - vecchio: viejo

pulito: limpio - sporco: sucio

tranquillo /trankuíl-lo/: tranquilo - rumoroso: ruidoso

Veamos estos adjetivos en descripciones de personas:

Francesca è una ragazza alta, magra e bionda, ha gli occhi blu e la pelle molto bianca. Laura, sua sorella, è invece bassa, grassa e bruna, con gli occhi neri. Ha i capelli ondulati e castani (Francesca es una muchacha alta, delgada y rubia, tiene los ojos azules y la piel muy blanca. Laura, su hermana, es en cambio baja/pequeña, gruesa/gorda y morena, con los ojos negros. Tiene los cabellos rizados y castaños.).

A me piacciono le donne alte e le donne basse, quelle bionde e quelle brune, coi capelli lisci, ondulati, oppure ricci, col naso piccolo o col naso grande, con gli occhi verdi, blu o neri... A me piacciono tutte le donne! (Me gustan las mujeres altas y las bajas, aquellas –que son- rubias y aquellas que son morenas, con los cabellos lacios, ondulados o rizados, con la nariz pequeña o con la nariz grande, con los ojos verdes, azules o negros... ¡Me gustan todas las mujeres!).

Lucia è una ragazza intelligente e anche bella. È molto gradevole e cortese.

Lei ha il collo lungo, come le ballerine, le labbra grosse e i denti piccoli e bianchi. Ha la pelle un po' abbronzata. (Lucía es una muchacha inteligente y también bella. Es muy agradable y cortés. Tiene el cuello largo, como las bailarinas, los labios gruesos y los dientes pequeños y blancos. Tiene la piel un poco bronceada.).

Observe como algunas preposiciones se articulan con los artículos:

col: con + il (con el...), coi: con + i (con los...)

Ej, col nasso piccolo (con la nariz pequeña), coi capelli ricci (con los cabellos rizados)

nel: in + el (en el...), nella: in + la (en la...), nei: in + i (en los...).

Ej, nel parco (en el parque), nella piazza (en la plaza), nei luoghi (en los lugares), nell'università (en la universidad) nello specchio (en el espejo).

Observe además como los adjetivos se conjugan en género y número:

Il ragazzo alto / i ragazzi alti / la ragazza alta / le ragazze alte.

Vea, además, como todos los adjetivos que terminan en letra "e" forman el plural con "i", sea cual fuere el género:

L'uomo intelligente / gli uomini intelligenti / la donna intelligente / le donne intelligenti. (El hombre inteligente /los hombres.../la mujer.../ las mujeres...)

La casa grande / le case grandi / il momento piacevole / i momenti piacevoli.

Los adjetivos posesivos: mi(s) tu(s), su(s), vuestro/a(s), nuestro/a(s)

En la norma española que utilizamos acá en América, el pronombre informal de la segunda persona del plural no se utiliza nunca. Incluso hay mucha gente que piensa que "vosotros" es un pronombre extremadamente formal y lo utilizan de forma jocosa en ocasiones. Por acá –en casi toda Latinoamérica- siempre utilizamos el pronombre "ustedes", aun cuando a las personas del grupo las tratemos de "tú" individualmente. En italiano el pronombre "voi" se utiliza para la segunda persona del plural cuando en singular las tratamos de "tú". La norma española es, por ello, más cercana a la italiana y a quienes están habituados a usar "vosotros" se les hace mucho más fácil conjugar los verbos en italiano, utilizar pronombres de todo tipo, adjetivos posesivos, etc.

En América sólo tenemos cuatro formas del adjetivo posesivo: mi(s), tu(s), su(s) –para él, ella, usted, ellos/ellas, ustedes-, y nuestro/a(s). En España tenemos, además de las anteriores, vuestro/a(s). En italiano encontraremos seis adjetivos posesivos: mio, tuo, suo, nostro, vostro y loro. Estos adjetivos van generalmente acompañados del artículo determinado y varían según género y número, excepto "loro", que sólo toma el género y el número en el artículo.

Para la primera persona del singular (io).

il mio, la mia, i miei (plural masculino), le mie (plural femenino).

Ej, il mio amico (mi amigo), la mia amica (mi amiga), i miei amici (mis amigos), le mie amiche (mis amigas).

Para la segunda persona del singular familiar/informal (tu)
il tuo, la tua, i tuoi, le tue.

Ej, il tuo fidanzato (tu novio), la tua fidanzata (tu novia), i tuoi cugini (tus primos), le tue cugine (tus primas).

Para la tercera persona del singular o la forma respetuosa de la segunda persona (lei, lui, Lei).
il suo, la sua, i suoi, le sue

Ej, il suo amico (su amigo –de él, de ella, de usted, según contexto-), la sua amica (su amiga), i suoi genitori (sus padres), le sue sorelle (sus hermanas).

Para la primera persona del plural (noi)

il nostro, la nostra, i nostri, le nostre

Ej, il nostro amico (nuestro amigo), la nostra amica (nuestra amiga), i nostri

figli (nuestros hijos), le nostre figlie (nuestras hijas)

Para la segunda persona del plural familiar / informal (voi)

il vostro, la vostra, i vostri, le vostre.

Ej, il vostro figlio (vuestro hijo), la vostra casa (vuestra casa), i vostri amici (vuestros amigos), le vostre lettere (vuestras cartas).

Para la tercera persona del plural, o segunda persona en el trato formal (loro).

il loro, la loro, i loro, le loro

Ej. il loro amico (su amigo -de ellos/ellas-, el amigo de ustedes –este trato formal no es muy común en el lenguaje corriente-), la loro vita (su vida –de ellos/ellas-), i loro ragazzi (sus muchachos –de ellos/ellas), le loro fidanzate (sus novias –de ellos-).

El artículo no se utiliza para referirnos a personas de parentesco cercano como madre, padre, hijo, hermano en el singular, aunque sí se utiliza siempre si el singular es modificado por adjetivos o diminutivos y siempre en el plural.

Decimos: mio padre, mia mamma, mio fratello, pero: il mio caro papà, il mio fratellino, i miei genitori, i miei fratelli, le mie sorelle.

Los adjetivos posesivos: Ejemplos en minidiálogos.

__Come si chiama la tua fidanzata? (¿Cómo se llama tu novia?).

__La mia fidanzata si chiama Carla. E tuo marito, come si chiama? (Mi novia se llama Carla. ¿Y tu marido, cómo se llama?

__Mio marito si chiama Gianluca e i nostri figli si chiamano Giorgio e Pietro. (Mi marido se llama Gianluca y nuestros hijos se llaman Giorgio y Pietro.).

__ Hai visto il mio libro? (¿Has visto mi libro?).

__ Sì, il tuo libro è su quella sedia. (Sí, tu libro está sobre aquella silla.).

__ Sai, Paolo? C'è una festa domani. Tutti i nostri amici ci vanno con le loro fidanzate. (¿Sabes, Paolo? Hay una fiesta mañana. Todos nuestros amigos van con sus novias.).

___ Allora, ci dobbiamo portare noi anche le nostre! (Entonces debemos llevar nosotros también a las nuestras.).

___ Qual' è la tua età? (¿Cuál es tu edad?).

___ Ho 44 anni. La mia data di nascita è il 15 aprile del 1961. (Tengo 44 años. Mi fecha de nacimiento es 15 de abril de 1961.).

El antepresente (passato prossimo)

Como su nombre italiano indica, este tiempo es utilizado para hablar sobre hechos, eventos, etc. que ocurrieron en un pasado no remoto y generalmente en un tiempo definido, p.ej., "esta mañana", "ayer", "el mes pasado", "hace tres días". O sea, no es el caso del "passato remoto" indefinido que veremos más adelante, p.ej., "cuando era pequeño", "hace mucho tiempo".

La dificultad principal que ofrece el passato prossimo al hispano-parlante radica en que en italiano utilizamos una forma verbal compuesta en casos en los que en español se prefiere una forma simple: el pretérito.

Veamos algunos ejemplos:

Italiano: Ieri ho mangiato pollo arrosto (literalmente: Ayer he comido pollo asado. En español, como se trata de una acción concluida, se prefiere decir simplemente "Ayer comí pollo asado."

Lo mismo sucede en casos que nos resultan más chocantes aun:

Hai lavorato ieri? (literalmente: ¿Has trabajado ayer?) en lugar de "¿Trabajaste ayer?"

Debemos además añadir que en italiano se utiliza la forma verbal compuesta también en aquellos casos donde nosotros la preferimos:

Non ho visto quel film. (No he visto aquella película.).

Para formar el passato prossimo en italiano utilizamos el verbo auxiliar avere o essere –según el caso, como veremos más adelante- más el participio pasivo del verbo principal, que es el que lleva la carga semántica, es decir, el significado.

Recordemos además que el verbo "avere", además de ser el verbo auxiliar "haber", tiene en italiano el significado de "tener". Compare:

Ej. Ho parlato con lei: (He hablado con ella / Hablé con ella.).

Ho un appuntamento col dottore: (Tengo cita con el médico.).

Il passato prossimo (Segunda Parte)

Los verbos que terminan en –ARE forman el participio añadiendo _ATO a partir de la raíz, ej., parlare: parlato, pensare: pensato...

parlare: hablar----------- parlato: hablado

mangiare: comer--------- mangiato: comido

viaggiare: viajar---------- viaggiato: viajado

dimenticare: olvidar-----dimenticato: olvidado

guardare: mirar---------- guardato: mirado

fare: hacer---------------- fatto: hecho

pensare: pensar-----------pensato: pensado

lavorare: trabajar---------lavorato: trabajado

Mini-diálogos:

A__ Cosa hai fatto ieri? (¿Qué hiciste ayer?).

B__ Ieri ho lavorato tutto il giorno. (Ayer trabajé todo el día.).

A__ E dove hai cenato? (¿Y dónde has cenado / cenaste?).

B__ Ho mangiato al ristorante. (Comí en el restaurante.).

C__ Avete pensato a quel problema? (¿Habéis pensado vosotros en aquel problema?).

D__ No, non ne abbiamo avuto il tempo. (No, no hemos tenido tiempo.).

E__ Abbiamo visto quella ragazza di cui ci hai parlato. (Hemos visto a aquella muchacha de la que nos hablaste.).

F__ Allora, l'avete conosciuta? (Entonces, ¿la habéis conocido?).

E__ No, non ce l'hanno presentata. (No, no nos la presentaron.).

Observe en este último minidiálogo como el participio se declina en género –y número- cuando delante del auxiliar encontramos los pronombres como complemento, me, la, lo, li, le, ci, vi, aunque en estos casos lo y la siempre se reducen a l'.

Ej., __Hai visto quell'uomo? (¿Has visto… / Viste a ese hombre?)

__Sì, l'ho visto?

__Hai visto quella ragazza? (¿Has visto… / Viste a la chica?)

__Sì, l'ho vista.

__Hai letto i libri? (¿Has leído… / Leíste los libros?).

__ Sì, li ho letti.

__Hai comprato le sedie ? (¿Has comprado… / Compraste las sillas?).

__Sì, le ho comprate.

Il passato prossimo (Tercera Parte)

Los verbos que terminan en _ERE forman el participio con la terminación –UTO, con muchísimas excepciones.

potere: poder - potuto: podido

sapere: saber - saputo: sabido

volere: querer - voluto: querido

dovere: deber, tener que… - dovuto: debido, tenido que…

conoscere: conocer - conosciuto: conocido

godere: gozar - goduto: gozado

crescere: crecer – cresciuto: crecido

Excepciones más comunes:

mettere: poner - messo: puesto

prendere: tomar, coger - preso: tomado, cogido

chiedere: pedir, preguntar - chiesto: preguntado, pedido

scrivere: escribir - scritto: escrito

El verbo cresciuto, junto a un grupo de verbos de estado o movimiento, forman el passato prossimo con el auxiliar essere –no avere- y el participio en ese caso se conjuga en género y número en concordancia con el sujeto.

Ej., Sono cresciuto / Sono cresciuta

Sei cresciuto / Sei cresciuta

È cresciuto / È cresciuta

Siamo cresciuti / Siamo cresciute

Siete cresciuti / Siete cresciute

Sono cresciuti / Sono cresciute

Ej., Come sei cresciuta! (¡Como has crecido!) –dicho a una mujer o niña-.

Ahora veamos algunos ejemplos con los participios que terminan en –UTO.

__Hai goduto lo spettacolo? (¿Has disfrutado del espectáculo?).

__ Sì, l'ho goduto da cima a fondo. (Sí, lo he disfrutado de cabo a rabo.).

__Ho preso un bagno dopo la cena. (He tomado un baño después de la cena.).

__Guarda, che dicono che non è conveniente per la salute! (¡Mira que dicen que no es bueno para la salud!

__Avete potuto farmi quel favore? (¿Habéis podido hacerme aquel favor?).

__No, perché abbiamo dovuto fare molte altre cose. (No, porque hemos

tenido que hacer muchas cosas.).

__Avete preso l'autobus? (¿Habéis tomado el ómnibus?).

__No, siamo venuti a piedi. (No, hemos venido a pie.).

Observe que este es un verbo de movimiento, por lo tanto se conjuga con el verbo auxiliar essere y el participio se declina en género y número.

__L'hai chiesto a Roberto? (¿Le has preguntado a Roberto?).

__Sì, ma non m'ha voluto rispondere. (Sí, pero no quiso / ha querido responder.).

Il passato prossimo (Cuarta Parte)

Los verbos que terminan en –IRE forman el participio con la terminación -ITO, con algunas excepciones.

dormire: dormir
dormito: dormido

finire: terminar
finito: terminado

capire: comprender, entender
capito: comprendido, entendido

sentire: oir, sentir
sentito: oído, sentido

guarire: curar, sanar

guarito: curado

spedire: enviar, mandar

spedito: enviado, mandado

uscire: salir

uscito: salido

dire: decir

detto: dicho (excepción)

Ej. Ho dormito fino a mezzogiorno (Dormí hasta el mediodía.).

Avete sentito ciò che lui ha detto? (¿Habéis oído lo que él ha dicho?).

Lei ha guarito le mie ferite (Ella ha curado mis heridas.).

Loro hanno capito tutto. (Ellos lo han comprendido todo.).

Abbiamo già finito il lavoro. (Ya terminamos / hemos terminado el trabajo.).

Ahora le invitamos a realizar el siguiente ejercicio donde debe escribir el verbo que se da entre paréntesis en el antepresente –la solución en el próximo capítulo- Note los

verbos en pasado destacados en azul. De ellos nos encargaremos más adelante.

Ugo parla su ciò che ha fatto ieri…

Ieri _____________________fino alle 10 del mattino. (dormire).

Dopo che mi sono alzato, _______________ la prima colazione e sono andato dalla mia fidanzata. (prendere). Ci sono stato due ore. Lei ed io _____________________ del piú e del meno. (parlare). Finalmente, sono ritornato a casa,_______________________la   TV   e _______________ un panino perché non avevo voglia di cucinare. (guardare, mangiare).

Los verbos de movimiento o estado en el "passato prossimo"

Revisión del ejercicio del capítulo anterior:

Ugo parla su ciò che ha fatto ieri…

Ieri ho dormito fino alle 10 del mattino. Dopo che mi sono alzato, ho preso la prima colazione e sono andato dalla mia fidanzata. Ci sono stato due ore.

Lei ed io abbiamo parlato del piú e del meno. Finalmente, sono ritornato a casa, ho guardato la TV e ho mangiato un panino perche non avevo voglia di cucinare.

Los verbos de movimiento o estado

Existe un grupo de verbos que no forman el "passato prossimo" o antepresente como hemos visto hasta ahora, sino que toman el verbo ÈSSERE como verbo auxiliar y el participio se conjuga entonces según el género (masculino/femenino) y número (singular/plural). Estos verbos no son numerosos, pero su frecuencia de utilización es alta. Ya hemos tenido algún contacto con ellos en el ejercicio de la lección anterior.

El mismo verbo ÈSSERE (ser/estar) toma este patrón cuando se utiliza en el passato prossimo:

Io sono stato (masc.): Yo he sido/estado (habla una persona de sexo masculino)

Io sono stata (fem.): Yo he sido/estado (habla una persona del sexo femenino)

Tu sei stato/a: Tú has sido/estado

Lei è stata: Ella ha sido/estado (o Usted ha sido/estado)

Lui è stato: Él ha sido/estado

Noi siamo stati/e: Nosotros/as hemos sido/estado

Voi siete stati/e: Vosotros/as habéis sido/estado

Loro sono stati/e: Ellos/as han sido/estado

Echemos un vistazo a otros ejemplos en el cuadro siguiente:

		Maschile	Femminile	(Traducción)
Io	sono	ritornato	ritornata	Yo he regresado/regresé
Tu	sei	andato	andata	Tú has ido/fuiste
Lui	è	partito	----------	Él ha partido/partió
Lei	è	------------	uscita	Ella ha salido/salió
Noi	siamo	andati	andate	Nosotros/as hemos ido/ fuimos
Voi	siete	partiti	partite	Vosotros habéis partido/ partísteis
Loro	sono	usciti	uscite	Ellos/as han salido/ salieron

Como hemos visto, en estos casos el participio se declina de igual forma que los sustantivos y adjetivos, o sea, terminan en "o" para el masculino singular, en "i" para el masculino plural, en "a" para el femenino singular, y en "e" para el femenino plural.

Ahora le ofrecemos una lista de los verbos más comunes que se conjugan con el auxiliar ESSERE:

Verbo	Participio
Andare: ir	Andato(-a,-i,-e): ido
Venire: venir	Venuto(-a,-i,-e): venido
Partir: partir, irse	Partito(-a,-i,-e): partido
Rimanere: permanecer, quedarse	Rimasto(-a,-i,-e): permanecido
Essere: ser/estar	Stato(-a,-i,-e): sido/ estado
Stare: estar	Stato(-a,-i,-e)
Diventare: convertirse, hacerse	Diventato(-a,-i,-e): convertido
Uscire: salir	Uscito(-a,-i,-e): salido
Ritornare: regresar	Ritornato(-a,-i,-e): regresado
Scendere: bajar, descender	Sceso(-a,-i,-e): descendido, bajado
Salire: subir	Salito(-a,-i,-e): subido
Crescere: crecer	Cresciuto(-a,-i,-e): crecido

Finalmente, veamos algunos ejemplos dentro de oraciones ilustrativas:

- L'anno scorso mia moglie ed io siamo andati al mare: (El año pasado mi esposa y yo fuimos al mar.).

- Sei uscita ieri sera, Maria?: (¿Saliste anoche, María?)

- Voi siete stati mai in Italia?: (¿Vosotros habéis estado en Italia alguna vez?).

- Loro sono uscite con le lore amiche: (Ellas salieron / han salido con sus amigas.).

- Il weekend* sono rimasto a casa: (El fin de semana me quedé / he quedado en casa.).

Observe como hemos utilizado el anglicismo "weekend" que cada día se oye más que su contraparte italiana "il fine settimana".

Las expresiones de tiempo más comunes para el "passato prossimo"

Las siguientes expresiones adverbiales son las más comunes para el tiempo verbal que estudiamos:

L'anno scorso / Il mese scorso / la settimana scorsa: El año pasado / El mes pasado / La semana pasada.

ej. L'anno scorso sono andato in Italia per lavoro: (El año pasado fui a Italia a trabajar.).

Un mese fa / Due mesi fa: Hace un mes /...dos meses

Ej. Ho smesso di lavorare due mesi fa: (Dejé de trabajar hace dos meses.).

Qualche giorno fa: Hace algunos días.

Ieri: Ayer.

Ieri sera: ayer por la tarde, la pasada noche.

L'altroieri: Anteayer.

Stamattina: Esta mañana, hoy por la mañana.

Da un mese / Da due anni: Desde hace un mes /...dos años.

Ej. Lavoro in quella ditta da due anni: (Trabajo en esa empresa desde hace dos años.).

Veamos ahora un pequeño diálogo y tratemos de interpretarlo:

Ciao, Sofia. Cosa hai fatto il passato fine settimana?

Niente d'importante. Sono rimasta a casa e alcuni amici sono venuti da me.

Abbiamo bevuto qualche drink, visto qualche film..., le solite cose. E tu, cosa hai fatto?

Io, invece, ho avuto un fine settimana magnifico. Sono andata al mare col mio fidanzato. Mi sono divertita moltíssimo. Ho ballato, nuotato..., ho anche mangiato al ristorante, ho bevuto della birra come una pazza...

Veramente hai avuto un weekend molto divertente, anche se oggi devi essere molto stanca.

Los verbos reflexivos en el antepresente

Una vez que usted haya asimilado las formas que utilizamos en el antepresente con los verbos de movimiento y estado, debe resultarle mucho más fácil asimilar las formas que utilizamos con los verbos reflexivos en el passato prossimo, pues en éstos utilizamos siempre el auxiliar "ESSERE" y los participios también se declinan en cuanto a género y número.

Veamos un cuadro ilustrativo:

Io	mi	sono	lavato/a	Yo me he lavado/me lavé.
Tu	ti	sei	lavato/a	Tú te has lavado/te lavaste
Lui	si	è	lavato	Él se ha lavado/se lavó
Lei	si	è	lavata	Ella se ha lavado/se lavó
Noi	ci	siamo	lavati/e	Nosotros nos hemos lavado/nos lavamos
Voi	vi	siete	lavati/e	Vosotros os habéis lavado/os lavasteis
Loro	si	sono	lavati/e	Ellos/Ellas se han lavado/se lavaron

Veamos ahora algunos ejemplos:

Ti sei vestita in fretta: Te has vestido de prisa (dicho a una mujer).

Ci siamo conosciuti durante il viaggio: Nos hemos conocido / Nos conocimos durante el viaje.

Si è ritardato molto: Se ha demorado mucho (se habla de un hombre).

Laura si è incontrata con una vecchia amica: Laura se ha encontrado / se encontró con una vieja amiga.

Aspetta un attimo. Non mi sono ancora pettinato: Espera un momento.

No me he peinado todavía.

Observe además estos casos:

Non ho potuto farmi la barba: No he podido arreglarme la barba.

Non mi sono potuto fare la barba: No me he podido arreglar la barba.

Ha dovuto lavarsi: Ha tenido que lavarse /Tuvo que lavarse.

Si è dovuto/a lavare: Se ha tenido / Se tuvo que lavar.

Como hemos visto en estos últimos ejemplos, con los verbos serviles reflexivos en el pasado próximo (antepresente) cuando el pronombre reflexivo va delante del verbo auxiliar, este debe ser una forma del verbo "essere". En cambio, cuando el pronombre es enclítico –va unido al verbo se mantiene el auxiliar "avere".

El futuro

El futuro simple es un tiempo gramatical que no ofrece mucha dificultad para el estudiante si lo comparamos con el "passato prossimo" que acabamos de estudiar.

Conjugación del primer grupo:

AMARE: A partir de la raíz AM-...

Io amERÓ: Yo amaré

Tu amERAI: Tú amarás

Lei / Lui amERÀ: Usted / Ella / Él / amará

Noi amEREMO: Nosotras/os amaremos

Voi amERETE: Vosotras/os amaréis

Loro amERANNO: Ellas/os amarán

Conjugación del segundo grupo:

TEMERE: A partir de la raíz TEM-...

Io temERÒ: Yo temeré

Tu temERAI: Tú temerás

Lei / Lui temERÀ: Usted / Ella / Él temerá

Noi temEREMO: Nosotras/os temeremos

Voi temERETE: Vosotras/os temeráis

Loro temERANNO: Ellas/os temerán

Conjugación del tercer grupo:

PARTIRE: A partir de la raíz PART-...

Io partIRÒ: Yo partiré

Tu partIRAI: Tú partirás

Lei / Lui partIRÀ: Usted / Ella / Él partirá

Noi partIREMO: Nosotras/os partiremos

Voi partIRETE: Vosotras/os partiréis

Loro partIRANNO: Ellas/os partirán

Ejemplos:

__Quanto guadagnerai per questo lavoro? -¿Cuánto ganarás por este trabajo?

__Mi pagheranno poco, ma non dovrò lavorare molto. -Me pagarán poco; pero no tendré que trabajar mucho.

__A che ora andrai a lavorare? -¿A qué hora irás al trabajo?

__Mi alzerò alle cinque e uscirò da casa circa alle sei. -Me levantaré a las cinco y saldré de casa sobre las seis más o menos.

Veamos ahora algunos verbos que presentan irregularidades y son muy usados en el habla cotidiana:

<u>Andare (Ir)</u>

Io andró (Yo iré)

Tu andrai (Tú irás)

Lei / Lui andrà (Ella / Él irá)

Noi andremo (Nosotras/os iremos)

Voi andrete (Vosotras/os iráis)

Loro andranno (Ellas/os irán)

Fare (Hacer)

Io farò (Yo haré)

Tu farai (Tú harás)

Lei / Lui farà (Ella / Él hará)

Noi faremo (Nosotras/os haremos)

Voi farete (Vosotras/os haréis)

Loro faranno (Ellas/os harán)

Vedere (Ver)

Io vedrò (Yo veré)

Tu vedrai (Tu verás)

Lei / Lui vedrà (Ella / Él verá)

Voi vedrete (vosotras/os veráis)

Noi vedremo (Nosotras/os veremos)

Loro vedranno (Ellas/os verán)

Bere (Beber)

Io berrò (Yo beberé...)

Tu berrai

Lei / Lui berrà

Noi berremo

Voi berrete

Loro berranno

Venire (Venir)

Io verrò (Yo vendré...)

Tu verrai

Lei / Lui verrà

Noi verremo

Voi verrete

Loro verranno

Rimanere (Permanecer/Quedarse)

Io rimarrò (Me quedaré...)

Tu rimarrai

Lei / Lui rimarrà

Noi rimarremo

Voi rimarrete

Loro rimarranno

Potere (Poder)

Io potrò (Yo podré...)

Tu potrai

Lei / Lui potrà

Noi potremo

Voi potrete

Loro potranno

<u>Dovere (Deber/Tener que...)</u>

Io dovrò (Yo tendré que...)

Tu dovrai

Lei / Lui dovrà

Noi dovremo

Voi dovrete

Loro dovranno

Minidiálogos

Ahora veamos algunos ejemplos del futuro dentro de minidiálogos:

1.- __Cosa farai domattina? (¿Que harás mañana por la mañana?).

__Se farà* bel tempo andrò in (alla) spiaggia con degli amici. Verrai con noi? (Si hace buen tiempo iré a la playa con algunos amigos.

¿Vendrás con nosotros?).

__Mi dispiace. Domani andró dai miei genitori. Avremo una festa per il compleanno di mia sorella. (Lo siento. Mañana iré a casa de mis padres.

Tendremos una fiesta por el cumpleaños de mi hermana.).

__Sicuramente anche tu ti divertirai moltissimo! (Con seguridad te divertirás muchísimo.).

Observe como se utiliza el futuro en el primer verbo, caso en el cual utilizamos el presente simple en español.

2.-__Dove andrai il fine settimana / il weekend? (¿Adónde irás el fin de semana?).

__Il fine settimana rimarrò a casa. Sono molto stanca. E voi, dove andrete? (El fin de semana nos quedaremos en casa. Estoy muy cansada.

¿Y vosotros, dónde iréis?

__Noi andremo in campagna. Abbiamo preso una casa in affito e potremo riposarci tutto il giorno senza essere disturbati (disturbo).

(Iremos al campo. Hemos tomado una casa en alquiler y podremos descansar todo el día sin ser disturbados.)

3.-__Oggi dovrò fare molte cose. Mi aiuterai? (Hoy tendré que hacer muchas cosas. ¿Me ayudarás?).

__Si, volentieri. Ti aiuterò. (Sí, con gusto. Te ayudaré.).

__Lo farai? Sicuro? (¿Lo harás? ¿Seguro?).

__Ma cosa pensi? Lo farò con piacere! (¿Pero qué piensas? ¡Lo haré con placer!).

El verbo "haber" para denotar existencia, disponibilidad.

En español tenemos sólo una forma del verbo haber en el presente del modo indicativo, tanto para el singular como para el plural. Esta forma es "hay".

Decimos, por ejemplo:

Hay un libro sobre la mesa (singular).

Hay varios libros sobre la mesa (plural).

En italiano, no obstante, existe una forma para el singular y otra para el plural:

C'è un libro sulla tavola. (singular) /ché/

Ci sono dei libri sulla tavola. (plural) /chi sono/

Como pueden observar, el verbo "haber" en italiano está compuesto por dos elementos: ci + essere, ci significa allí.

Otros ejemplos:

__Quali sono le attrezzature dell'albergo? (¿Cuáles son las facilidades / instalaciones del hotel?)

__Nell'albergo c'è una piscina. Ci sono anche due ristoranti ed un bar.

(En el hotel hay una piscina. Hay además dos restaurantes y un bar.).

__C'è qualcosa da bere qui? (¿Hay algo de beber aquí?).

__Sì, ci sono ancora alcune birre. (Sí, hay aun algunas cervezas.).

En pretérito, las formas del verbo "haber" son:

C'era: había (singular) ej., C'era molta gente nel bar. (Había mucha gente en el bar.).

C'erano: (plural) ej., C'erano soltando due persone nell salotto. (Había sólo dos personas en la sala.).

En el futuro las formas para este verbo son:

Ci sará (singular) ej., So che ci sarà molta felicitá nella tua vita. (Se que habrá mucha felicidad en tu vida.).

Ci saranno (plural) ej., Ci saranno giorni quando io non ci sarò. Mi ricorderai e sicuramente piangerai. (Habrá días cuando yo no esté. Me recordarás y seguramente llorarás.).

Por último, veamos la forma del subjuntivo:

Voglio che ci sia pace fra tutti! (¡Quiero que haya paz entre todos!).

È necessario che ci siano molte donne nel bar. (Hace falta que haya muchas mujeres en el bar.).

Il Passato Remoto

El "passato remoto" corresponde con el tiempo que llamamos copretérito y se utiliza cuando se habla de eventos que ocurrieron en un momento pasado que no se define con exactitud, aunque no necesariamente remoto en el tiempo.

En español estos verbos tienen las terminaciones –iba, -aba, -ía en la primera y en la tercera persona del singular, ej.: Pensaba que podía hacerlo.

Veamos las conjugaciones con los verbos modelos y posteriormente algunos ejemplos:

<u>Amare:</u>

Io amAVO (Yo amaba)

Tu amAVI (Tú amabas)

Lei / Lui amAVA (Ella / Él / Usted amaba)

Noi amAVAMO (Nosotras/os amábamos)

Voi amAVATE (Vosotras/os amabais)

Loro amAVANO (Ellas/os amaban)

<u>Temere:</u>

Io temEVO (Yo temía)

Tu temEVI (Tú temías)

Lei / Lui temEVA (Ella /Él / Usted temía)

Noi temEVAMO (Nosotras/os temíamos)

Voi temEVATE (Vosotras/os temiais)

Loro temEVANO (Ellas/os temían)

Partire

Io partIVO (Yo partía)

Tu partIVI (Tú partías)

Lei / Lui partIVA (Ella / Él / Usted partía)

Noi partIVAMO (Nosotras/os partíamos)

Voi partIVATE (Vosotras/os partíais)

Loro partIVANO (Ellas/os partían)

El verbo ser/estar –"essere"- es también irregular en el Passato Remoto:

Io ero (yo era)

Tu eri (tú eras)

Lei / Lui era (Ella / Él / Usted era)

Noi eravamo (Nosotras/os éramos)

Voi eravate (Vosotras/os erais)

Loro erano (Ellas/os eran)

Ejemplos:

Quando ero piccolo, mi piaceva andare in campagana per le vacanze. (Cuando era pequeño me gustaba ir al campo en las vacaciones.).

Tutti si burlavano di lui perché aveva molta paura. (Todos se burlaban de él porque tenía mucho miedo.).

Non sapevamo cosa fare e siamo venuti affinché ci aiuti. (No sabíamos qué hacer y hemos venido para que nos ayudes.).

Era una donna molto bella e parlava con una voce così dolce che ti faceva tremare. (Era una mujer muy bella y hablaba con una voz tan dulce que te hacía temblar.).

Quando ero appena un ragazzino, già sapevo che tu eri fatta per me.

(Cuando eras apenas un niño, ya sabía que tú eras para mí.).

Veamos ahora un fragmento de una entrevista de trabajo:

__Cosa facevi prima di lavorare qui? (¿Qué hacías antes de trabajar aquí?).

__Lavoravo in un'agenzia di viaggi. (Trabajaba en una agencia de viajes.).

__Ti piaceva quel lavoro? (¿Te gustaba ese trabajo?).

__No, non ero proprio contento di rimanerci. (No, no estaba realmente contento de estar allí.).

__E perché ci restasti? (¿Y por qué continuaste allí?).

__Perche non avevo niente da fare. (Porque no tenía nada que hacer.).

El modo condicional

Para concluir esta síntesis gramatical de los aspectos formales de la lengua que deben conocerse para satisfacer las exigencias de un nivel preintermedio según la mayor parte de los cursos existentes en el mercado, estudiaremos ahora el modo condicional. Usamos este modo cuando nos referimos a hechos, eventos o estados hipotéticos, no factuales, o cuando hacemos ofrecimientos formales, e.g. Vorrebbe qualcosa da bere? (¿Desearía usted algo de beber?), cuando hablamos de nuestros deseos, e.g. Vorrei andare al cinema. (Quisiera ir al cine).

Veamos ahora los verbos modelos:

Amare

    Io amEREI (Yo amaría)

    Tu amERESTI (Tú amarías)

    Lei / Lui amEREBBE (Usted / Ella / Él amaría)

    Noi amEREMMO (Nosotras/os amaríamos)

    Voi amERESTE (Vosotras/os amaríais)

    Loro amEREBBERO (Ellas/os amarían)

Temere

    Io temEREI (Yo temería)

    Tu temERESTI

(Tú temerías)

Lei / Lui temEREBBE (Usted / Ella / Él temería)

Noi temEREMMO (Nosotros temeríamos)

Voi temERESTE (Vosotras/os temeríais)

Loro temEREBBERO (Ellas/os temerían)

<u>Partire</u>

Io partIREI (Yo partiría)

Tu partIRESTI (Tú partirías)

Lei / Lui partIREBBE (Usted / Ella / Él partiría)

Noi partIREMMO (Nosotras/os partiríamos)

Voi partIRESTE (Vosotras/os partiríais)

Loro partIREBBERO (Ellas/os partirían)

El verbo volere (querer / desear) es muy utilizado en este modo, sobre todo en la esfera de los servicios:

Io vorrei

Tu vorresti

Lei / Lui vorrebbe

Noi vorremmo

Voi vorreste

Loro vorrebbero

Ejemplo:

__Vorrebbe qualcosa da bere? Un rum? (¿Desearía Ud. Algo para beber? ¿Un ron?).

__No, veramente vorrei bere soltanto una birra. (No. En realidad, desearía beber sólo una cerveza.).

En el pasato prossimo se emplea el verbo auxiliar avere conjugado en el modo condicional– o el verbo auxiliar essere si se trata de un verbo de movimiento o estado– más el participio del verbo principal, que debe ser también conjugado en género y número cuando el auxiliar es essere.

Ejemplo:

Avrei fatto l'esercizio se ne avessi avuto tempo. (Habría hecho el ejercicio si hubiese/hubiera tenido tiempo.).

Se l'avessimo saputo, non avremmo fatto ciò che abbiamo fatto. (Si hubiésemos sabido esto, no habríamos hecho lo que hemos hecho.).

Se fossimo venuti presto saremmo usciti prima (Si hubiésemos venido más temprano, habríamos salido primero.).

Vocabulario y más frases

Números / Numeri

-0 zero (tsero)

-1 uno (uno)

-2 due (due)

-3 tre (tre)

-4 quattro (cuatro)

-5 cinque (chincue)

-6 sei (sei)

-7 sette (sete)

-8 otto (oto)

-9 nove (nove)

-10 dieci (diechi)

-11 undici (úndichi)

-12 dodici (dódichi)

-13 tredici (trédichi)

-14 quattordici (cuatórdichi)

-15 quindici (cuíndichi)

-16 sedici (sédichi)

-17 diciassette (dichasete)

-18 diciotto (dichoto)

-19 diciannove (dichanove)

-20 venti (venti)

-21 ventuno (ventuno)

-22 ventidue (ventidue)

-23 ventitre (ventitré)

-24 ventiquattro (venticuatro)

-25 venticinque (ventichíncue)

-30 trenta (trenta)

-40 quaranta (cuaranta)

-50 cinquanta (chincuanta)

-60 sessanta (sesanta)

-70 settanta (setanta)

-80 ottanta (otanta)

-90 novanta (novanta)

-100 cento (chento)

-200 duecento (duechento)

-300 trecento (trechento)

-1.000 mille (mile)

-10.000 diecimila (diechimila)

-1.000.000 un milione (un milione)

-primero - primo (primo)

-segundo - secondo (secondo)

-tercero - terzo (tertso)

-cuarto - quarto (cuarto)

-quinto - quinto (cuinto)

-una vez - una volta (una volta)

-dos veces - due volte (due volte)

-tres veces - tre volte (tre volte)

-una mitad - metá (metá)

Días de la semana / Giorni della settimana

-Domingo - domenica (doménica)

-Lunes - lunedì (lunedí)

-Martes - martedì (martedí)

-Miércoles - mercoledì (mercoledí)

-Jueves - giovedì (yovedí)

-Viernes - venerdì (venerdí)

-Sábado - sabato (sábato)

-Por la mañana - la mattina (la matina)

-Por la tarde nel - pomeriggio/la sera (nel pomeriyo/la sera)

-Por la noche - la notte (la note)

-Ayer - ieri (ieri)

-Hoy - oggi (oyi)

-Mañana - domani (domani)

-El día libre - il giorno libero (il yorno libero)

-El día festivo - il giorno festivo (il yorno festivo)

-Las vacaciones escolares - le vacanze scolari (le vacantse scolari)

-El fin de semana - il fine settimana (il fine setimana)

Verbo ser / estar / Verbo essere

Yo soy / estoy

> Io sono

> Tú eres/estás

> Tu sei

> Él/Ella es/está

> Lui/Lei è

> Nosotros somos/estamos

> Noi siamo

> Vosotros sois/estáis

> Voi siete

> Ellos son/están

> Loro sono

Verbo tener / Verbo avere

Yo tengo

> Io ho

> Tú tienes

> Tu hai

> Él/ella tiene

> Lui/lei ha

> Nosotros tenemos

> Noi abbiamo

> Vosotros tenéis

Voi avete

Ellos tienen

Loro hanno

Letreros / Cartelli

-Abajo - sotto (soto)

-Abierto - aperto (aperto)

-Arriba - sopra (sopra)

-Ascensor - ascensore (ashensore)

-Averiado - guasto (guasto)

-Caballeros - signori (siñori)

-Caja - cassa (casa)

-Caliente - caldo (caldo)

-Cerrado - chiuso (kiuso)

-Cuidado - attenzione (atentsione)

-Empujar - spingere (spinyere)

-Entrada libre - entrata libera (entrata líbera)

-Frío - freddo (fred-do)

-Libre - libero (líbero)

-No tocar - non toccare (non tocare)

-Ocupado - occupato (ocupato)

-Peligro - pericolo (perícolo)

-Privado - privato (privato)

-Prohibido entrar - proibito entrare (proibito entrare)

-Prohibido fumar - proibito fumare (proibito fumare)

-Rebajas - saldi (saldi)

-Reservado - prenotato (prenotato)

-Salida de emergencia - uscita d´emergenza (ushita demeryentsa)

-Señoras - signore (siñore)

-Servicios - toilette (tualet)

-Tirar - tirare (tirare)

Frases usuales / Frasi usuali

-Buenos días - Buongiorno (buonyorno)

-Buenas tardes - Buona sera (buona sera)

-Buenas noches - Buona notte (buona notte)

-¿Qué tal? - Come va? (¿Come va?)

-Bien, gracias - va bene (va bene, gratsie)

-De nada - prego (prego)

-Hasta mañana - a domani (a domani)

-Hola - ciao (Chao)

-Adios - ciao/arrivederci (chao/arrivederchi)

-Tanto gusto - molto piacere (molto piachere)

-¿Habla usted español? - Parla spagnolo? (¿parla spañolo)

-¿Comprende usted? - Mi capisce? (mi capishe?)

-¿Qué dice? - Che dice? (¿Qué diche?)

-¿Qué es eso? - Che è questo? (¿Qué é cuesto?)

-¿Cuánto? - Quanto? (¿Cuánto?)

-¿Aquí o allá? - Qui o là? (Cui o la?)

-¿Por qué? - Perchè? (perqué?)

-Me llamo - mi chiamo (mi chiamo)

-Muchas gracias - molte grazie (molte grazie)

-Perdón - scusi (scusi)

-Por favor - per favore/per piacere (per favore/per piachere)

Hotel / Albergo

-¿Cuál es el número de nuestra habitación?

Qual´è il numero della nostra camera?

(Cualé il número de la nostra cámera?).

-¿Me da mi llave, por favor?

Mi da la mia chiave, per piacere?

(mi da la mía quiave, per piachere?).

-¿A qué hora es el desayuno/la comida/la cena

A che ora è la colazione/il pranzo/la cena?

(a qué ora é la colatsione/il prantso/la chena?).

-¿Dónde está el ascensor?

Dov´è l´ascensore?

(Dové lashensore?).

-¿Hay servicios en esta planta?

Ci sono delle toilette in questo piano?

(Chi sono de le tualet in cuesto piano?).

-Necesitamos otra almohada/manta

Abbiamo bisogno di un altro guanciale/pannolano

(abiamo bisoño di un altro guanchale/panolano).

-No tenemos toalla de baño

Non abbiamo l´asciugamano da bagno

(non abiamo lashiugamano da baño).

-¿Dónde está el comedor?

Dov´è la sala da pranzo?

(Dové la sala da prantso?).

-¿Hay teléfono?

C´è il telefono?

(Che il teléfono?).

-No hay papel higiénico

Non c´è carta igienica

(Non che carta iyénica).

Visita turística / Visita turistica

-¿Dónde están los puntos principales de interés?

Dove sono i principali punti di interesse?

(Dové sono i princhipali punti di interese?).

-¿Cuánto es la entrada?

Quanto costa l´entrata?

(Cuánto costa lentrata?).

-¿Se pueden sacar fotos?

Si possono fare fotos?

(si posono fare foto?).

-¿Dónde compro la entrada?

Dove compro il biglietto?

(Dove compro il billeto?).

Preguntando el camino / Domandando il cammino

-¿Puede indicarme el camino?

Può indicarmi la strada?

(puo indicarmi la strada).

-¿A qué distancia está?

A che distanza è?

(a qué distantsa é?).

-¿Cómo podemos ir a la catedral?

Come possiamo andare alla cattedrale?

(come posiamo andare a la catedrale?).

-Ando perdido,¿dónde estoy?

Mi sono perso. Dove sono?

(mi sono perso. ¿Dove sono?).

-¿Me lo enseña en el mapa?

Me lo mostra nella mappa?

(me lo mostra ne la mapa?).

En correos / Alla posta

-¿Dónde está la oficina de correos?

Dov´è l´ufficio postale?

(Dové luficho postale?).

-¿Dónde está el buzón?

Dov´è la buca delle lettere?

(Dove la buca de le létere?).

-¿Me da sellos para España, por favor?

Mi dà francobolli per la Spagna?

(mi da francoboli per la spaña?).

-¿Cuánto tardará en llegar a Madrid?

Quanto ci metterà ad arrivare a Madrid?

(Cuánto chi meterá a arrivare a Madrid?).

En el banco / In banca

-Quisiera cambiar unos euros, por favor

Vorrei cambiare pochi euro, per favore

(Vorréi cambiare de poki euro, per favore).

-¿Cuánto cobran de comisión?

Quanto pendono di commissione?

(Cuánto prendono di comisione?).

-¿Aceptan mi tarjeta de crédito?

Accettano la mia carta di crédito?

(Achétano la mía carta di crédito?).

En el restaurante / Al ristorante

-¿Puede recomendarnos un restaurante económico?

Può raccomardarci un ristorante economico?

(Puó racomardarchi un ristorante económico?).

-¿Me da el menú? Mi dà il menù (mi da il menú).

-¿Tiene mesa para ocho?

Ha un tavolo per otto persone?

(À un távolo per oto persone?).

-¿Tendrá alguna mesa libre pronto?

Ci sarà presto qualque tavolo libero?

(Chi sará presto cualque távolo líbero?)

Desayuno / Colazione

-Quiero desayunar, por favor

Vorrei fare colazione, per piacere

(Vorréi fare colatsione, per piachere).

-Un zumo de naranja, por favor

Un succo d´arancia, per piacere

(Un suco darancha, per piachere).

-Un café solo y un café con leche

Un caffè ed un caffel-latte

(Un café ed un cafelate).

-Un vaso de leche caliente

Un bicchiere di latte caldo

(Un bíquiere di late caldo).

-¿Me da unas tostadas con mermelada?

Mi dà dei tost con marmellata?

(Mi da dei tost con marmelata?).

-Algo más de pan y mantequilla, por favor

Un poco più di pane e burro, per favore

(Un poco più di pane e burro, per favore).

-Una taza de chocolate caliente

Una tazza di cioccolata calda

(Una tatsa di chocolata calda).

-¿Me da unos cereales con leche?

Mi dà dei cereali con latte?

(mi da dei chereali con late?).

Comida / Pranzo

-¿Qué nos recomienda?

Che ci raccomanda?

(Qué chi racomanda?).

-Una ensalda mixta para dos

Un´insalata mista per due persone

(Uninsalata mista per due persone).

-¿Tienen el menú del día?

Hanno il menù del giorno

(Ano il menú del yorno?).

-¿Dónde está el aceite y el vinagre?

Dov´è l´olio e l´aceto?

(Dové lolio e lacheto?).

-¿Me da la cuenta, por favor?

Il conto, per favore?

Vocabulario / Vocabulario

-Cuchara - Cucchiaio (cuquiaio)

-Cuchillo - Coltello (coltelo)

-Tenedor - Forchetta (forqueta)

-Mantel - Tovaglia (tovalla)

-Plato - Piatto (piato)

-Vaso - Bicchiere (biquiere)

-Sal - Sale (sale)

-Salsa - Sugo (sugo)

-Nata - Panna (pana)

-Pescado - Pesce (peshe)

-Tomate - Pomodoro (pomodoro)

-Atún - Tonno (tono)

-Arroz - Riso (riso)

-Croquetas - Polpette (polpete)

-Gambas - Gamberetti (gambereti)

-Jamón de York - Prosciutto cotto (proshiuto coto)

-Salchichón - Salame (salame)

-Huevos con jamón - Uova con prosciutto (uova con proshiuto)

-Tortilla de patatas - Fritata di patate (fritata di patate)

-Queso - Formaggio (formayo)

-Fiambres - Antipasti (antipasti)

-Ternera - Vitella (vitela)

-Cerdo - Maiale (maiale)

-Al horno - Al forno

-Pollo - Pollo (Pol-lo)

-Berenjena - Melanzana (Melantsana)

-Cebolla - Cipolla (Chipóla)

-Guisantes - Piselli (piseli)

-Pimiento - Peperone (peperone)

-Zanahorias - Carote (carote)

-Manzana - Mela (mela)

-Fresa - Fragola (frágola)

-Naranja - Arancia (arancha)

-Helado - Gelato (yelato)

-Pastel - Torta (torta)

Ejercicios para practicar

Elige tu ejercicio según tu comprensión. Usa un diccionario para palabras que no conoces.

Adjetivos

Elige los adjetivos correctos

I negozi

- caro
- aperti
- divertente

Le ragazze

- intelligenti
- simpatica
- belli

Il sole

- grandi
- caldo
- chiara

Il gelato

- economica
- freddi
- grande

La lezione

- lunghe
- difficile
- interesante

Artículos definidos

Elige el artículo correcto

1.____Italia.

- La
- L'
- Le

2.____cazè.

- Il
- I
- Lo

3.____spaghetti.

- I
- Gli
- Lo

4.____studente.

- La
- Il
- Lo

5.____lezione.

- La
- Le
- Il

6.____amico.

- Il
- L'
- I

Cambia las oraciones del singular al plural y viceversa

1. La borsa è nuova

2.Il ragazzo è intelligente

3. Le lezioni sono difêicili

4. La città è moderna

5. Gli studenti sono olandesi

6. Lo zaino è blu

7. L'isola è deserta

Elige el interrogativo correcto de aquellos en la lista: Quando, come, quanto/a/i/e, dove, chi, quale/i, perché, che cosa

1.___________anni hai?

2.___________abiti?

3.___________ti chiami?

4.___________lingue parli?

5.___________studi italiano?

6. Da_______tempo sei in Italia?

7. Per_______tempo resti?

8. Di________sei?

9.___________fai nella vita?

10.__________è iltuo compleanno?

Elige la preposición correcta

1. La prossima settimana vado

___Germania.

- in

- a

- per

2. Abito a Firenze

___cinque anni.

- per

- da

- a

3. Partiamo

___Parigi.

- a

- di

- per

4. Esco

___i miei amici.

- con

- per

- tra/fra

5.Ieri sono andata a cena______mio fratello.

- da

- in

- su

6. Siamo arrivati______il treno delle 8.

- in

- con

- per

7. Per correre metto le scarpe______ ginnastica.

- da

- di

- per

8. Sono malato, resto a casa____due giorni.

- da

- per

- di

Presente perfecto irregular

Empareja los verbos con su forma presente perfecto irregular: Vinto - speso - aperto - scelto - visto - acceso - chiesto - vissuto - fatto - chiuso - letto - perso - preso – scritto.

1. Chiudere

2. Scrivere

3. Vedere

4. Leggere

5. Scegliere

6. Spendere

7. Vivere

8. Aprire

9. Perdere

10. Accendere

11. Prendere

12. Chiedere

13. Vincere

14. Fare

Regular Presente Perfecto

Rellena los espacios en blanco con los tiempos presentes perfectos

1. A che ora (tu TORNARE) _____________a casa ieri sera?

2. Voi (VISITARE) _________Milano l'anno scorso?

3. Ieri Luca (MANGIARE) ___una pizza al ristorante.

4. Geraldine è francese ma (CRESCERE) _______in Svizzera.

5. Ieri sera (GUARDARE) _______un êilm al cinema.

6. Elena e Marco (COMPRARE) _______una casa bellissima in centro.

7. Ieri (io SVEGLIARMI) ________ presto per prendere iltreno.

8. Ieri (noi CAMMINARE) ________ per due ore nel bosco.

Cambia las oraciones del presente al pasado

1. Ogni giorno a colazione mangio un toast con la marmellata.Oggi a colazione________un toast con la marmellata.

2. La prossima settimana Sara e Francesca partono per Parigi.La scorsa settimana________ per Parigi.

3. Stasera saliamo sulla collina per guardare iltramonto.Ieri sera________sulla collina per guardare iltramonto.

4. Ogni giorno, dopo pranzo, Marco ordina un cappuccino al bar.Ieri, dopo pranzo, Marco________un capuccino al bar.

5. Oggi Susanna lavora molto e torna a casa tardi.Ieri Susanna ha lavorato molto e______a casa tardi.

Pronombres directos

Elige la respuesta correcta

1. Hai pulito la casa?

- Si, la ho pulita
- Si, l'ho pulita
- Si, l'ho pulito

2. Hai letto il giornale?

- Sì, lo ho letto
- Sì, li ho letti
- Sì, l'ho letto

3. Hai comprato le scarpe?

- Sì, le ho comprate
- Sì, l'ho comprate
- Sì, l'ho comprato

4. Hai incontrato Sara e Carlo?

- Sì, l'ho incontrati
- Sì, li ho incontrati
- Sì, l'ho incontrato

5. Hai preso le chiavi?

- Sì, li ho presi
- Sì, l'ho prese
- Sì, le ho prese

Condicional simple y período hipotético de posibilidad.

Rellena los espacios en blanco eligiendo entre el condicional y el futuro.

1. Domani (io ANDARE) __________ al mare.

2. Domani (io ANDARE) __________ al mare ma purtroppo devo lavorare.

3. Abbiamo mangiato male in quel ristorante e non (TORNARCI) ____________ più.

4. (Lei DOVERE) __________ studiare di più ma è pigra.

5. So che Luisa e Matteo (PASSARE) ____________ le vacanze in Grecia.

6. Ho cosifame che (io MANGIARE) __________ quattro pizze!

7. Stasera (noi ASCOLTARE) __________ un concerto a teatro.

8. (Voi VENIRE) __________ alla festa di Paolo?

9. Domani (POTERE) __________ piovere.

Período hipotético de posibilidad.

Rellena los espacios en blanco eligiendo entre el condicional simple y el subjuntivo Imperfecto.

1. (Noi VENIRE) __________ volentieri alla cena SE non (noi DOVERE) __________ lavorare.
- verremmo / dovessimo
- veniamo / dovremmo
- verremmo / dovremo

2. SE (voi COMPRARE) __________ una casa in campagna, non (voi ESSERE) __________ così stressati.
- comprate / siete

- compraste / sareste
- compriate / sareste

3. SE Ivan (CHIEDERE)______a Susanna di sposarlo, lei gli (DIRE)______sicuramente di sì!

- chiede / direbbe
- chiedesse / direbbe
- chiedesse / dicesse

4. SE (voi SPENDERE)______meno soldi non (voi AVERE)______ problemi economici.

- spendereste / avete
- spendeste / abbiamo
- spendeste / avreste

5. L'aereo (POTERE)______decollare, SE non (ESSERCI)______la nebbia.

- potrebbe / ci fosse
- potesse / c'è
- può / c'è

6. SE (tu ESSERE)______più concentrata, non (tu PERDERE)______sempre le chiavi di casa.

- sarai / perderesti

- fossi / perdi
- fossi / perderesti

7. SE (io AVERE)______più tempo (io STUDIARE)_______
una lingua straniera.

- avessi / studierei
- ho / studiavo
- avessi / studiavo

8. SE (FARE)_____più caldo, (noi ANDARE)______al
mare.

- fa / andremmo
- facesse / andiamo
- facesse / andremmo

Pronombres relativos

Elije el pronombre relativo correcto

1. Abbiamo venduto la casa________sono nato.

- che

- in

- cui

- da

2. Ho letto il libro__________mi avevi parlato.

- di

- cui

- che

- per

3. Ho comprato il vestito________mi piaceva tanto.

- in

- cui

- chi

- che

4. Simona è l'amica________miêido di più.

- a

- cui

- di

- per

5.I colleghi________lavoro sono molto simpatici.

- per

- cui

- a

- con

7. Ho realizzato il progetto________ pensavo da tanti mesi.

- che

- a

- cui

- di

8. La squadra________avevate scommesso ha vinto la partita?

- che

- da

- cui

- su

9.Il motivo________ti sei oZeso è ragionevole.

- per

- cui

- di

- su

10.Il parrucchiere__________mitaglio i capelli è molto creativo.

- che

- con

- cui

- da

Più esercizi

Para estos ejercicios, escriba el equivalente de cada frase en italiano.

Mis

- mis hermanos
- mis pies
- mis hermanas
- mis manos
- mis niños
- mis mesas
- mis hijos
- mis casas
- mis hijas
- mis libros
- mis amigos
- mis manzanas
- mis perros
- mis preguntas
- mis gatos
- mis lápices

Tus

- tus hermanos
- tus gatos
- tus hermanas
- tus mesas
- tus niños
- tus casas
- tus hijos
- tus libros
- tus hijas
- tus manzanas
- tus amigos
- tus preguntas
- tus perros
- tus lápices

Sus (de él)

- sus hermanos
- sus manos
- sus hermanas
- sus mesas
- sus niños
- sus casas

- sus hijos
- sus libros
- sus hijas
- sus manzanas
- sus amigos
- sus preguntas
- sus perros
- sus lápices
- sus gatos
- mis dientes
- sus pies

Sus (de ella)

- sus hermanos
- sus manos
- sus hermanas
- sus ojos
- sus niños
- sus mesas
- sus hijos
- sus casas
- sus hijas
- sus libros

- sus amigos

- sus manzanas

- sus perros

- sus preguntas

- sus gatos

- sus lápices

Nuestros / nuestras

- nuestros hermanos

- nuestras manos

- nuestras hermanas

- nuestras cocinas

- nuestros niños

- nuestras mesas

- nuestras madres

- nuestras camas

- nuestros padres

- nuestras casas

- nuestros hijos

- nuestros libros

- nuestras hijas

- nuestras manzanas

- nuestros amigos

- nuestras preguntas
- nuestros perros
- nuestros lápices
- nuestros gatos

Vuestros

- vuestros hermanos
- vuestros gatos
- vuestras hermanas
- vuestras mesas
- vuestros niños
- vuestras camas
- vuestras madres
- vuestras casas
- vuestros padres
- vuestros libros
- vuestros hijos
- vuestras manzanas
- vuestras hijas
- vuestras preguntas
- vuestros amigos
- vuestros lápices
- vuestros perros

Sus (de ellos)

- sus hermanos
- sus gatos
- sus hermanas
- sus cocinas
- sus niños
- sus mesas
- sus madres
- sus camas
- sus padres
- sus casas
- sus hijos
- sus libros
- sus hijas
- sus manzanas
- sus amigos
- sus preguntas
- sus perros
- sus lápices

Come stai?

Leggi il dialogo e rispondi correttamente alle domande. Luca e Giovanni sono due amici che s'incontrano in strada per caso:

Luca: Ciao Giovanni

Giovanni: Ciao Luca, come stai?

Luca: Bene grazie, anche se ho un po' di mal di schiena. E tu come stai?

Giovanni: Bene. Ah mi dispiace per il tuo mal di schiena. Stai prendendo delle medicine?

Luca: Sì, ma non ne ho tanta voglia, non mi piacciono le medicine.

Giovanni: Però le medicine fanno bene alla salute, non importa se ti piacciono o no. Hanno un cattivo sapore?

Luca: Sì hanno un cattivo sapore, ma soprattutto non mi piacciono perché assumere troppe medicine fa male alla salute. Tu che cosa ne pensi?

Giovanni: io penso che se una persona sta male deve prendere le medicine, però deve anche fare attenzione a non abusare perché altrimenti possono fare male.

Luca: Parli come se non avessi mai preso le medicine. Quando è stata l'ultima volta che hai preso le medicine?

Giovanni: Tre anni fa.

Luca: ah ah ah. Ecco perché parli così!

Giovanni: Pensa a stare bene e a prendere le medicine.

Luca: va bene Giovanni, seguirò il tuo consiglio

Giovanni: ciao Luca, ci vediamo presto.

Luca: a presto.

Hai capito il testo?

1) Come sta Luca?

    a) Bene

    b) Male

    c) Bene ma ha male alla schiena

    d) Non c'è male

2) A Luca piacciono le medicine?

    a) Sì, molto

    b) Tantissimo

    c) Le adora

    d) A Luca non piacciono le medicine

3) Cosa dice Luca a proposito delle medicine?

    a) fanno bene alla salute

    b) fanno male alla salute

    c) non fanno bene alla salute

    d) fanno bene alla salute ma non bisogna né esagerare né abusare

4) Cosa dice Giovanni delle medicine?

    a) Se una persona sta male deve prendere le medicine e deve fare attenzione a non abusare

    b) Se una persona sta male non deve prendere le medicine, e se sta bene ne deve abusare

    c) Se una persona sta male deve prendere tante medicine, e deve abusare

    d) Se una persona sta male deve rifiutare di prendere medicine

5) Quando è stata l'ultima volta che Giovanni è stato male e ha preso le medicine?

    a) 5 anni fa

    b) 3 anni fa

    c) 3 settimane fa

    d) 3 mesi fa

Cosa mi metto?

Marta: Ciao Silvia, da quanto tempo non ci vediamo! Come stai?

Silvia: Bene grazie. Che piacere vederti! Sono appena tornata da Londra. Sono stata lì tre mesi per studiare inglese.

Marta: E come è andata?

Silvia: È stata un'esperienza molto interessante. Ho migliorato il mio inglese e ho conosciuto tante persone. A proposito ti presento Beth. Ci siamo conosciute in Inghilterra. Beth è qui per studiare l'italiano.

Marta: Piacere di conoscerti Beth. Benvenuta in Italia.

Silvia: Domani sera pensiamo di andare al cinema. Vuoi venire anche tu?

Marta: Mi piacerebbe, ma domani sera c'è la festa di compleanno di Marco. Perché non venite anche voi?

Silvia: non so, non siamo state invitate.

Marta: Sicuramente a Marco farà piacere rivederti e conoscere la tua amica.

Silvia: Come devo vestirmi? Non so cosa mettermi. È una festa elegante?

Marta: No! È una festa tra amici! Io metterò una gonna corta nera con un pullover rosso e gli stivali alti.

Se fa freddo metterò il piumino, altrimenti la giacca grigia con la sciarpa.

Silvia: Che dici se metto il vestito verde che abbiamo comprato insieme e le scarpe con il tacco?

Beth: Io non ho portato molti vestiti. Può andare bene un pantalone nero e la camicia bianca? Ho anche una collana e gli orecchini.

Marta: Sarete bellissime! Allora a domani.

Hai capito il testo?

1) Silvia è stata:

- A Parigi
- A Londra
- A New York
- A Roma

2) Perché Silvia è andata in Inghilterrra?

- Per studiare l'inglese
- Per lavorare
- Per andare dal fidanzato
- Per un viaggio

3) Silvia invita Marta:

- A casa sua

- Da un'amica

- Da Beth

- Al cinema

4) Cosa indosserà Marta per la festa di Marco?

- Un pantalone bianco

- Una gonna corta nera

- Un jeans

- Un pullover verde

5) Silvia ha:

- Un paio di scarpe con il tacco

- Un paio di pantofole

- Un paio di sandali

- Un paio di stivaletti

6) Chi ha gli orecchini?

- Marta

- Silvia

- Marco

- Beth

La mia famiglia

Buongiorno! Oggi vi presento la mia famiglia. Io sono il padre, mi chiamo Gennaro Pirlo, ho trentasette anni, e lavoro come scrittore e giornalista da quando ne avevo venti. Mia moglie si chiama Antonella Totti, ha trentacinque anni ed è una splendida attrice di teatro.

La nostra famiglia è composta anche da altre due persone, i nostri figli, Manuela che ha diciassette anni anni, e Marco che ha quindici anni, e poi c'è anche Tremendo, il cane che vive con noi da nove anni, ed è parte della famiglia. Viviamo tutti nella nostra splendida casa con un grande giardino.

Mio figlio fa il DJ e suona la batteria, mia figlia invece adora dipingere ed è una pittrice.

Frequentano entrambi il liceo Scientifico e hanno ottimi voti a scuola.

Hai capito il testo?

1) Quanti anni ha il padre Gennaro Pirlo?

    a) 33

    b) 47

    c) 27

    d) 37

2) Quanti anni ha la madre Antonella Totti?

    a) 15

    b) 25

    c) 35

    d) 45

3) Quanti figli hanno Antonella e Gennaro?

    a) 3

    b) 17

    c) 2

    d) 15

4) Chi è Tremendo?

    a) Il mio figlio DJ

    b) Il cane che ha 9 anni

    c) Il terzo elemento

    d) La mia figlia pittrice

5) Che lavoro fa il padre?

    a) DJ e scrittore

    b) Batterista e Giornalista

    c) Giornalista e Scrittore

    d) Il padre in realtà è il cane di nome Tremendo

La mia settimana

Mi chiamo Sabrina ho 21 anni e studio informatica all'università di Milano. Tutte le mattine mi sveglio alle 7.00, mi alzo, faccio la doccia, mi asciugo i capelli e mi preparo una bella colazione con caffè, latte biscotti e marmellata. Dopo mi lavo i denti, rifaccio il letto e alle 8.15 porto il cane al parco per circa 20 minuti, poi vado all'università in autobus.

Frequento le lezioni e molto spesso studio in biblioteca con la mia amica Lucia. Di solito pranzo alla mensa dell'università. Nel pomeriggio torno a casa a piedi perché mi piace molto camminare e guardare le vetrine dei negozi. Il mercoledì sera vado a lezione di yoga e quando torno a casa faccio un bel bagno rilassante prima di andare a dormire.

Il sabato è il mio giorno di riposo così posso svegliarmi più tardi. La mattina faccio le pulizie nella mia camera e gioco con il cane.

La sera mi trucco con cura, mi pettino, mi vesto con i miei abiti preferiti e alla moda ed esco con i miei amici per andare al cinema, a mangiare una pizza o qualche volta in discoteca.

Hai capito il testo?

1) A che ora si sveglia Sabrina?

- Alle 8.15

- Alle 9.00

- Alle 7.00

- Alle 8.30

2) Sabrina fa colazione con:

- Uova e prosciutto

- Pane e marmellata

- Corn flakes

- Caffè, latte, biscotti e marmellata

3) Dopo colazione Sabrina:

- Si lava i denti

- Fa la doccia

- Studia

- Va a dormire

4) Di solito Sabrina pranza:

- A casa

- Al ristorante

- Alla mensa dell'università

- Da un'amica

5) Dopo la lezione di yoga e prima di andare a letto Sabrina:

- Si lava i capelli
- Gioca con il cane
- Si lava i denti
- Fa un bagno rilassante

6) Il sabato sera Sabrina:

- Dorme
- Si veste con i suoi abiti preferiti
- Va all'università
- Si lava la faccia

Solo chi sogna puo'volare!
Peter Pan

Altri esercizi

Completa le frasi con: Il l' la lo le i gli e' sono

1-.......porta .... chiusa

2- ......finestra ....aperta

3-......quaderno............chiuso

4-......bambini...............grandi

5-......scarpe...............strette

6-......bambina..............bassa

7-......tavoli.................sporchi

8-......bottiglie..............vuote

9-......macchina.............nuova

10-.....ombrello..............rotto

11-.....treni...................partiti

12......zaino .... grande

13.....gatti..................piccoli

14......cane..................cattivo

15.....pizza.................calda

16.....studenti............ .bravi

17.....scuola...............chiusa

19......penne................rosse

20......acqua................fredda

Fai il plurale delle frasi :

1- La pizza è calda ....

2- Il pesce è crudo ....

3- La maestra è gentile ....

4- Il posto è occupato ....

5- La macchina è nuova ....

6- Il bambino è bello ....

7- Il caffè è dolce ....

8- L'arancia è fresca ....

9- La casa è piccola ....

10 -Il fiore è giallo ....

11 –La bistecca è fredda ....

12 –Il negozio è chiuso ....

13 –Il tavolo è sporco ....

14 –Il film è noioso ....

15 –Il taxi è giallo ....

16 –L'albero è grande ....

17 –La piazza è deserta ....

18 –Il mercato è affollato ....

19 –Il ristorante è caro ....

20 –La città è grande ....

21 –Il bar è aperto ....

22 –La pizza è cara ....

23 –Il libro è pesante ....

24 –La borsa è leggera ....

25 –Il carrello è pieno ....

Scrivi l'articolo (lo\ la) e fai il plurale(gli \ le) dei nomi e degli articoli :

...........SBAGLIO ....

..........SPESA ....

..........SBARRA ....

.........SCADENZA..

.........SPICCHIO ....

..........SCALA ....

.... SPIAGGIA ....

..........SPILLA ....

..........SCARPA ....

..........SPOSO..

.... .SCHEDA..

.........SPUGNA..

.... .SQUADRA..

.... .SCHERZO...

....SCIARPA...

.........SCIROPPO...

.........SCONTRINO..

.... STATUA..

.... SCOPA..

........STIPENDIO..

....STOFFA..

........STRADA..

.... STROFINACCIO..

Fai il plurale delle frasi:

1-IO SONO STANCO

....

2-TU HAI POCHI SOLDI

....

3- LUI E' BUONO

....

4-TU SEI ALTO

....

5- LUI HA LA MACCHINA

....

6-IO HO LA FEBBRE

....

7-TU SEI SPAGNOLO

....

8-LUI E' TRISTE

....

9-TU SEI ALLEGRO

....

10-LUI HA I DOCUMENTI

....

11-IO HO LA BICICLETTA

....

12-TU SEI SIMPATICO

....

13-IO SONO OPERAIO

....

14-LUI E' CUOCO

....

15-TU HAI FREDDO

....

16-IO HO FAME

....

17-LUI E' STRANIERO

....

18-IO HO LA GIACCA

....

Completa:

<u>*c'è \ ci sono*</u>

...........l'autobus ....i ragazzi ....la bicicletta

...............i negozi ....le bottiglie...........la partita

.... i treni .... Lo sciopero..........gli amici

...........la figlia.

<u>*Dov'è \ dove sono*</u>

.................il supermercato...............i quaderni

...............l soldi..................Le chiavi............il passaporto..................le scarpe............ la sciarpa .... L'entrata .... il comune .... la questura.

<u>*Mi piace \ mi piacciono*</u>

..................le caramelle...............Il gelato .... il riso...........La frutta...............i pomodori ....i film................la macchina.................. l'estate..................le patate.

<u>*Quanto costa \ quanto costano*</u>

...............i pantaloni..............il computer...........i calzini..................il giornale..........le scarpe........il biglietto..............gli occhiali..........l'ombrello................

il libro..........Le banane........Il caffè ....i biscotti.

Metti il verbo giusto:

1-Tu (mangiare)................la pizza

2-Lui (comprare)...............il libro

3-Noi (leggere)................il giornale

4-Voi (aprire)..................la finestra

5-Loro (chiudere)...............la porta

6-Voi (dormire).................fino alle 10

7-Lei (partire)..................alle 8

8-Voi (arrivare).................in treno

9- Io (studiare).................l'italiano

10-Noi (pulire).................il tavolo

1-Io (andare)...............a Venezia

2-Voi(rimanere)............a casa

3-Noi (stare)...............a letto

4-Loro (bere) ....una coca-cola

5-Tu (dire)..................quello che pensi

6-Lui (fare).................il meccanico

7-Io (spegnere)..............la luce

8-Voi (uscire)...............tutte le sere

9-Loro (venire) ....con me

10-Voi (finire)..............il lavoro

Singolare - Plurale

1-Io ho i pantaloni nuovi ....

2-Lui è a scuola ....

3-Tu mangi il riso ....

4-Io vado alla festa ....

5-Tu guardi la televisione ....

6-Lei è giovane ....

7-Tu leggi il libro ....

8-Io prendo l'autobus ....

9-Tu compri il biglietto ....

10-Io parlo con Marco ....

Plurale – Singolare

1- Noi parliamo bene l'inglese ....

2- Loro hanno due bambini ....

3- Voi guardate il libro ....

4- Noi compriamo la frutta ....

5- Voi mangiate il pane ....

6- Loro fumano troppo ....

7- Voi andate al bagno ....

8- Noi entriamo in classe ....

9- Loro sono stanchi ....

10-Le penne sono nere ....

Scrivi il verbo giusto:

1-(guardare) Noi ....la televisione

2-(parlare) Anna ....l'inglese

3-(lavorare) Il signor Rossi .... in un ristorante

4-(conoscere) Io .... Aldo da 10 anni

5- (finire) Noi .... di lavorare alle 5

6-(pagare) Oggi .... noi

7-(cercare)Noi ....l'ospedale

8-(pagare) Per questa casa noi ....molti soldi

9-(stare) Mara e Lisa oggi .... a casa

10(tornare) Io e mia sorella ....per le 8

11-(vivere) Loro ....da 5 anni in Italia

12-(restare) Noi .... a casa tutte le sere

13- (mangiare) Mario cosa .... Oggi?

14-(giocare) I bambini .... al parco

15-(dormire) La domenica io .... fino alle 11

16-(sentire) Ragazzi ....che bella questa musica

17-(abitare) Patrizia e Roberto .... in via Piave

18-(arrivare) Io e Carla .... in treno

---

Presente dei verbi irregolari, metti il verbo esatto:

1) (andare) (noi) oggi ....in centro

2) (rimanere) (io) domani ....a casa

3) (stare) (loro) ....molto bene

4) (bere) (voi)....................................troppi caffè

5) (dire) (tu) ....delle cose giuste

6) (fare)(voi) cosa ....domani?

7) (spegnere)(voi)....................la luce prima di uscire

8) (uscire)(loro)....................sempre tardi dal lavoro

9) (venire)(lui) ....sempre a casa mia

10) (spedire)(io)...................dei soldi alla mia famiglia

11) (finire) (noi)......................di lavorare alle ottobre

12) (capire)(lui)..........................molto ma parla poco

13) (bere)(loro)..........................molta acqua minerale

14) (fare)(loro)..................... la spesa al supermercato

15) (uscire)(voi)..........................con i vostri parenti

16) (venire)(loro) ....anche loro con noi

Scrivi il passato: (ausiliare ESSERE)

1) Anna (tornare) ....alle 8

2) Mario (andare) ....a Venezia

3) Mario e Anna (partire) ....ieri

4) L'autobus (arrivare) ....tardi

5) I treni (partire) ....puntuali

6) Gli zii (andare) ....alla questura

7) Sua figlia (crescere) ....molto

8) I bambini (diventare) ....grandi

9) La signora (cadere) ....dalle scale

10) Mario e Antonio (salire) ....in autobus

11) Lui (scendere) ....dal treno

12) Lei (nascere) ....nel 1998

13) Il nonno (morire) ....nel 2001

14) La mamma (tornare) ....stamattina

15) I miei fratelli (partire) ....presto

16) Le mie sorelle (arrivare) ....in macchina

17) Il cane (entrare) ....in casa

18) Il papà (uscire) ....con la mamma

Scrivi i verbi esatti al passato: (ausiliario AVERE)

1- Anna (MANGIARE)………………………………IL DOLCE

2- Luigi (COMPRARE)……………………………LA FRUTTA.

3- Marco e Roberto (PAGARE)……………………I CAFFE

4- Il cane (BERE)………………………………….L'ACQUA

5- La mamma (BACIARE)………………….……IL BAMBINO

6- L'impiegato (APRIRE)…………………….…L'UFFICIO

7- Patrizia e Lucia (SCRIVERE)………………….UNA MAIL

8- I bambini (GIOCARE)…………………….…AL PARCO

9- La bambina(GUARDARE)…………….………LA TV

10-Il maestro (LEGGERE)……………………….IL LIBRO

11-Il nonno (SPOSTARE)………………….LA POLTRONA

12-La nipote (TELEFONARE)……………….ALLO ZIO

13-Il mio amico (salutare)…………………..……suo fratello

14-Tu e Amin (prendere)……………………….….il treno

15-Gli studenti (studiare)………………….…….l'italiano

16-Il figlio (portare)………………….…i fiori alla mamma

17-Le sorelle (cucinare)……………………..……la torta

18-Il gatto (mangiare)………………………….…il pesce

19-Anna e suo marito(comprare)…………..…….la macchina

20- Mia mamma e mia sorella(fare)……………….le spese

Scrivi il possessivo e fai il plurale:

1) io-libro ....

2) loro-appartamento...............................

3) Noi-autobus ....

4) Tu-penna ....

5) Lui-scarpa ....

6) Voi-mano ....

7) Noi-passaporto ....

8) Loro-casa ....

9) Tu-esercizio ....

10) Noi- lavoro ....

11) Io- amico ....

12) Voi-professore ....

13) Noi-aula ....

14) Lei-ombrello ....

15) Tu-cappello ....

16) Loro- computer ....

17) Noi-paese ....

18) Loro-città ....

Metti i verbi giusti:

(noi) ....entrare?

(voi)........................andare a lavorare!

(tu) ....venire con noi?

(io) non ....dormire?

(lei) ....telefonarmi domani?

(noi) ....pagare le bollette?

(tu) ....studiare le lingua italiana

(loro) ....andare in ferie ad agosto!

(voi) ....venire a Venezia con noi?

Scrivi se si tratta di: obbligo – desiderio – permesso – gentilezza

1) Posso entrare ? ....

2) Devo prendere le medicine !...

3) Posso avere due caffè? ....

4) Voglio comprare la frutta! ....

5) Posso aprire la finestra? ....

6) Devo lavare i pantaloni ! ....

7) Voglio andare a scuola! ....

8) Posso andare al bagno? ....

9) Devo lavorare fino a tardi! ....

10) Voglio andare a Venezia! ....

11) Devo andare a Venezia ! ....

12) Non posso venire con te! ....

13) Devo mangiare poco! ....

14) Voglio trovare un lavoro! ....

15) Posso sedermi? ....

16) Voglio cucinare il pesce! ....

17) Devo comprare il riso! ....

18) Voglio fare la patente! ....

19) Devo andare a casa! ....

Metti le preposizioni corrette: di – a - da – in – con- su- per –tra –fra

1- io vado……..Andrea …….treno

2- il libro è ……..Maria

3- mia mamma telefona …..Milano

4- …….Venezia c'è il mare

5- ti vai …….scuola…..Maria

6- ……..venti minuti prenderò l'aereo

7- …Mario piace il pesce

8- Noi abitiamo…….via Piave

9- Oggi andiamo......scuola

10- l'orologio ....Mario è rotto

11- ....camera la luce è spenta

12- Voi venite......Roma

13- loro vanno.......Padova

14- Lui va .....casa ......Mario

15- Io esco ....Maria e Luisa

16- Noi partiamo...treno

17- Penso ....andare a casa

18- Mario vive.....un'amica

Preposizioni articolate

+	IL	L'	LO	LA	I	GLI	LE
DI	del	Dell'	dello	della	dei	degli	delle
A	al	All'	allo	alla	ai	agli	alle
DA	dal	Dall'	dallo	dalla	dai	dagli	dalle
IN	nel	Nell'	nello	nella	nei	negli	nelle
SU	sul	Sull'	sullo	sulla	sui	sugli	sulle

Completa con le preposizioni:

<u>*a+ articolo*</u>

I negozi aprono ....nove e chiudono alle 12.30

La fermata è di fronte ....farmacia

La stazione è vicino .... Centro

Lui lavora ......mercato

Di + articolo

Scusi , dov'è la fermata …. Autobus?

Il libro è ………mio amico

Dove sono le chiavi …..camera?

Questa è l'entrata …………..supermercato.

Su + articolo

Il libro è …….tavolo

Le chiavi sono ………sedia

Gli uccelli sono ……..alberi

La finestra dà ….piazza

Da + articolo

I negozi sono chiusi ………..12.30 alle 15.30

Adesso vado …. Dottore

Lavoro ………. 8 alle 17

Ci vediamo ………tuoi amici

In + articolo

……. Frigorifero c'è il pranzo di oggi

…….mia casa ci sono 4 stanze

Ho messo le coperte …………..armadio

…………….grandi città c'è molto traffico.

Preposizioni articolate

1 Ci troviamo (a casa) .... amici

2 Salite anche voi .... autobus?

3 Comincio a lavorare .... otto e finisco .... cinque

4 Se cerchi le chiavi sono .... tavolo

5 Adesso vado .... dottore

6 Ci sono gli sconti .... Panorama

7 lavoro .... mercato della frutta

8 Mangio spesso .... ristorante

9 Ci troviamo ....uscita della scuola

10 Quei due ragazzi vengono .... Bangladesh

11 Abito lontano .... stazione

12 Mario telefona alla moglie due volte .... giorno

13 Quando tornate .... Francia?

14 Noi lavoriamo otto ore .... giorno

15 I piatti sono ....armadio della cucina

16 Gli uccelli vivono .... alberi

17 L'acqua è .... bicchieri

18 Ci vediamo .... Bar .... angolo

19 .... mia classe ci sono 20 studenti

20 Alla domenica vado .... Mare.

Quando... dove...

*Davanti al – alla *

*Vicino al – alla *

Dietro al – alla

All'uscita \ all'entrata del – della

1) il bar \ 8.00 \entrata

ci vediamo all'entrata del bar alle 8

2) la scuola \ 10.00 \ uscita

....

3) la fermata \ 7.15 \ vicino

....

4) il supermercato \ 16 .00 \ entrata

....

5) la pizzeria \ 20 .00 \ dietro

....

6) il negozio \ 17.00\ davanti

....

7) la libreria \ 19.00 \ vicino

....

8) il tabaccaio\14.45 \ davanti

....

9) la chiesa \ 9.00 \ dietro

....

10) la stazione \ 6.00 \ ingresso

....

---

scrivi la domanda e la risposta usando il pronome corretto:
Usa sempre TU...

1 (comprare le scarpe)... hai comprato le scarpe? Si le ho comprate.

2 (salutare gli amici)
....

3 (pulire il bagno)
....

4 (cambiare la maglia)
....

5 (tagliare le patate)
....

6 (fare la doccia)
....

7 (cambiare le lenzuola)
....

8 (lavare i pantaloni

....

10 (comprare i biglietti)

....

11 (preparare il caffè)

....

12 (cucinare le patate)

....

13 (stirare le camicie)

....

14 (tagliare i capelli)

....

15 (aprire le finestre)

....

Ultimi esercizi

El ejercicio que se propone a continuación consiste en reescribir la frase entera sustituyendo el Complemento de Objeto Directo (COD) por el Pronombre Complemento Directo que corresponda.

1.- Prederai l'autobus.

2.- Ho preso i biglietti

3.- Hai mai mangiato le lasagne verdi?.

4.- Ha invitato le ragazze?

5.- Ho chiamato Maria questa mattina.

6.- Hai dovuto ripetere il corso.

7.- Ieri ho scritto la lettera.

8.- Hai chiamato Franco e Paola?

9.- Negli ultimi tempi ho trascurato gli studi.

10.- Posso prendere i tuoi appunti?

Este ejercicio es similar al anterior, solo que ahora se practica el uso del Pronombre de Complemento Indirecto. Para ello se debe reescribir la frase sustituyendo en C.O.I por el Pronombre C.I. correspondiente.

1.- Ho telefonato a Marisa.

2.- Telefonerai a suo cognato?

3.- Stai scrivendo a tua cugina?

4.- Fai una domanda al professore?

5.- Scriviamo agli amici.

6.- Piace la festa a tua sorella?

7.- A Lucia piace leggere romanzi gialli.

8.- A mia madre interessa la mussica.

9.- A voi servirebbe un'auto nova.

10.- A Luca non piaceva la matematica.

En el presente ejercicio utilizaremos los Pronomi Combinati, esto es, tanto el Pronombre de Complemento Directo como el Pronombre de Complemento Indirecto.

En las frases que se presentan a continuación, deberemos sustituir el C.O.D y el C.O.I por sus pronombres correspondientes.

1.- Dici sempre a me le stesse cose.

2.- Tu consigli a me questo libro?

3.- Ripeto la regola agli studenti.

4.- Il cameriere serve il vino a noi.

5.- Leggo le faibe a mio figlio.

6.- Ho fatto un bel regalo a Paolo e Luca.

7.- Racconterò a te quello che è successo

8.- Ho mandato una lettera a Barbara.

9.- Hanno mostrato i quadri a Filippo.

10.- Dai spesso un passaggio a tuo cugino di Bologna.

11.- Hai spedito i libri a tuo fratello?

12.- Hanno insegnato la grammatica allo studente.

13.- Hanno chiesto le informazioni all'agente?

14.- Ha chiesto l'infomazione al signore?

15.- Ho chiesto il permesso ai miei genitori.

El pronombre atono NE, recordemos, tiene el significado de: di lui..., da lui ..., di questo ..., da questo...,di questa cosa, da questa cosa.

Transformando las siguientes frases usando este pronombre y combinándolo asimismo con otros pronombres de complemento indirecto, practicaremos su uso.

1.- Abbiamo parlato di questa nuova macchina?

2.- Parlerò di questo proggeto alla conferenza di domani.

3.- Spieghiamo a lui molte frasi.

4.- Lei ha raccontato a noi tante bugie

5.- Ho portato molti fiori a mia madre.

6.- Ho dato tanti soldi a te!

Ahora vamos a practicar el uso de los Pronombres Personales por medio de la traducción.

Este primer ejercicio consiste en traducir las frases siguientes al italiano.

1.- Le has dado el libro a Gino? No, se lo daré mañana.

2.- Le has devuelto el bolígrafo a María? Se lo devuelvo enseguida.

3.- Le has prestado el lápiz a Gianni? Si, se lo he prestado.

4.- Has llamado a Laura? Sí, la he llamado esta mañana.

5.- Has conocido a mis hermanos? Sí, me los has presentado ayer.

El segundo ejercicio consiste en convertir al castellano las frases italianas siguientes.

1.- Mi hai portato il cappello? No, te lo porterò domani.

2.- Hai dato a Mario la buona notizia? Si, gliel'ho data.

3.- Presentami la tua fidanzata.

4.- Ci darai un aiuto in questa occasione? Ve lo darò certamente.

5.- Ho raccolto i fiori per lo zio et glieli porterò subito.

Y ahora una receta de cocina a la que faltan algunos pronombres.

Caponata Siciliana

Sbucciate le melanzane, tagliate.... a dadi, salate...,
mettere... a scolare per mezz'ora tra due piatti inclinati,
quindi lavate... ed asciugate... Fate... dorare in una padella
conun bicchiere d'olio, senza lascar... scurire. Nell'olio
rimasto fate rinvenire i peperoni mondati e tagliati a cubetti,
mescolando... di tanto in tanto e scolando... non appena
cotti.

A parte, fate imbiondire le cipolle affettate: non appena
saranno diventate trasparenti, aggiungete del sedano
tagliato a pezzetti e i pomodori scottati e privati dei semi.
Poi unite le melanzane, i peperoni ,i capperi, le olive, un po'
di aceto, sale e pepe. Lasciate cuocere adagio per circa un
quarto d'ora. Fate raffreddare la caponata quindi mettete...
nel frigorifero per qualque ora. .... potete servire come
antipasto.

Inserta las terminaciones en a/o/e/i/ù/à:

albero radi___ programm___

strad___ attric___ cinem___

madr___ man___ libert___cas___

eserciz___ television___

professoress___ fratell___ situazion___

giornal___ poet___ attor___

sintes___ fior___ rivoluzion___

giovent___ professor___ manual___

Escribe el artículo determinado masculino o femenino al singular.

Ej. L'albero

a. .... cane

b. .... finestra

c. .... ragazza

d. .... anno

e. .... studente

f. .... psicologo

g. .... professore

h. .... uomo

Transforma de singular a plural las siguientes oraciones:

a. La signorina è italiana.

Le signorine sono italiane.

a. Tu sei straniero? _______________________________

b. Il ragazzo è qui per lavoro. _______________________

c. La ragazza è qui in vacanza. ______________________

d. Lui è al bar. ___________________________________

e. Lei è a casa. __________________________________

f. Di dove sei? ___________________________________

g. Dov' è il ragazzo? ______________________________

i. Dov' è la borsa? ________________________________

l. Chi sei? Sei americano? __________________________

m. Perché il ragazzo è qui? _________________________

n. Dov' è il ragazzo? ______________________________

o. Dov' è la borsa? _______________________________

p. Chi sei? Sei americano? _________________________

q. Perché il ragazzo è qui? _________________________

Transforma al singular.

I ragazzi sono stranieri.

Il ragazzo è straniero.

Le signore non sono italiane. ....

Noi siamo a scuola. ....

Dove sono i libri di italiano? ....

Chi sono? Sono stranieri? ....

Sono straniere le ragazze? ....

Perché siete qui? Di dove siete? ....

A scuola

Stephen è un ragazzo americano di New York. Ora è a Firenze e frequenta un corso di lingua italiana per stranieri. Nella sua classe ci sono dieci studenti di nazionalità differenti: tre tedeschi, due greci, due messicani, un austriaco e un ungherese. Gli studenti di questa classe conoscono solo poche parole italiane, perciò fra loro parlano l'inglese o il tedesco, ma durante le lezioni cercano di usare solo la lingua italiana.

Ogni settimana Stephen ha venti ore di lezione e i suoi insegnanti sono tre: uno di grammatica, uno di conversazione e uno di lessico. Il sabato e la domenica non c'è scuola, così Stephen va con i suoi compagni di classe a fare una gita in una città vicina o in campagna.

- Di dove è Stephen?

....

- Dove è ora?

....

- Che cosa fa?

....

- Quanti studenti ci sono nella sua classe?

....

- Di quali nazionalità sono?

....

- Quale lingua parlano fra di loro?

....

- Perché?

....

- Che lingua cercano di usare tra di loro?

....

- Quante ore di lezione ci sono ogni settimana?

....

- Quanti insegnanti ha Stephen?

....

- C'è lezione il fine settimana?

....

- Che cosa fa Stephen il sabato o la domenica?

....

Verbi irregolari (presente indicativo)

ESSERE van	AVERE birtokol	FARE tesz, csinál	STARE van valahogy	ANDARE megy	VENIRE jön
sono	ho	faccio	sto	vado	vengo
sei	hai	fai	stai	vai	vieni
è	ha	fa	sta	va	viene
siamo	abbiamo	facciamo	stiamo	andiamo	veniamo
siete	avete	fate	state	andate	venite
sono	hanno	fanno	stanno	vanno	vengono

DIRE mond	DARE ad	BERE iszik	USCIRE kimegy	SALIRE felmegy	RIMANERE marad
dico	do	bevo	esco	salgo	rimango
dici	dai	bevi	esci	sali	rimani
dice	dà	beve	esce	sale	rimane
diciamo	diamo	beviamo	usciamo	saliamo	rimaniamo
dite	date	bevete	uscite	salite	rimanete
dicono	danno	bevono	escono	salgono	rimangono

Aprende
Italiano

Gramática, verbos, vocabulario, frases, ejercicios

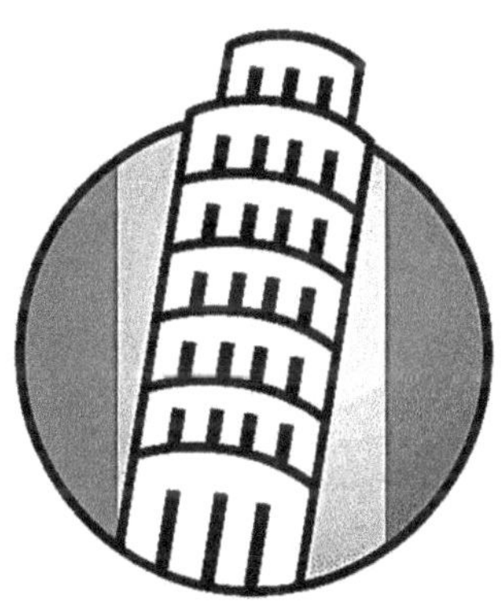

Edición EMD

Primera edición

Comunidad europea

2021